PASOS

a first course in

1

S P A N I S H

Rosa María Martín

◆ ◆ ◆

Martyn Ellis

Hodder & Stoughton

A MEMBER OF THE HODDER HEADLINE GROUP

Orders: please contact Bookpoint Ltd, 39 Milton Park,
Abingdon, Oxon OX14 4TD. Telephone: (44) 01235 400414,
Fax: (44) 01235 400454. Lines are open from 9.00 -6.00,
Monday to Saturday, with a 24 hour message answering service.
Email address: orders@bookpoint.co.uk

British Library Cataloguing in Publication Data
Martín, Rosa María
    Pasos : a first course in Spanish. I
    1. Spanish language. Usage
    I. Title   II. Ellis, Martyn
    468
ISBN 0 340 52999 7

First published 1991
Impression number   10 9 8 7
Year   2004 2003 2002 2001 2000 1999 1998

Typeset by Wearset, Boldon, Tyne and Wear.
Printed in Great Britain for Hodder & Stoughton Educational, a division of
Hodder Headline Plc, 338 Euston Road, London NW1 3BH
by Bath Press, Glasgow.

Acknowledgements

The authors would like to thank all those who helped with the collection of materials for this book and with the recordings for the cassettes, in particular the Martín and Yuste families. They would also like to thank their editor, Catriona Dawson, for her patience and support.

The Publishers would like to thank the following for permission to reproduce material in this volume:

Cambio 16 for the three photos and the article from *Cambio 16*; Feria de Zaragoza for the extract from their *Futurman* leaflet; Fisa-Escudo de Oro, SA for the postcard of Morella; Heraldo de Aragón for the extracts from *Heraldo de Aragón*; Museo Pablo Gargallo for their entry ticket; RENFE for their advert, timetables and ticket; TP Teleprograma for the extract 'Aventura 92' from *Teleprograma* no.1220; Y Swddfa Gymreig for the postcard of Raglan Castle, Gwent.

The publishers would also like to acknowledge the following for use of their material:

Ama for the article from *Ama* no.698; Casino Castillo de Perelada for the symbols for their brochure; Chica for the article from *Chica*; Ciudadano for the extract from *Ciudadano* no.156; Comercial Josan for the postcard of Zaragoza; Compañía Telefónica for part of the *Teléfono Góndola* leaflet; Damart for the T-shirt advert; Diario 16 for the article from *Diario 16*; Diez minutos for the article from *Diez minutos* no.1823; Diputación General de Aragón for the extracts from their guest house brochure; Dunia for the two articles from *Dunia*; Eco-Dagesa for their advert; Ediciones Sicilia for the postcard of Pirineo Aragonés; El corte inglés for the contents list from their 'Programa Internacional' 1990/91 brochure; El País for the extracts from the article from *El País Semanal*; El Periódico for their weather maps; Eltern Syndication for the diagram from *Ser Padres*; Flunch for part of their menu; Fotogramas for the extract and photo from *Fotogramas*; Hostal Moli-Vell for their postcard; Hotel Andorra for the extract from their hotel brochure; Iberia Airways for the advert for República Dominicana and the extracts from their *Iberiamérica* brochure; Intersport for part of their brochure; Interviu for the two biographies from *Interviu*; La Vanguardia for the weather maps and the article from *La Vanguardia*; Marie Claire for the article from *Marie-Claire*, 8.89; Nescafé for their coupons for prize draw; Nueva Empresa for the word game from *Nueva*; Oficina de Turismo, Puerto de la Cruz for the extract from their tourist leaflet; Panorama for the '24 horas con Corín Tellado' article from *Panorama*; Procomun Benamar for the extracts from their brochure; Pronto for the photo from *Pronto*; Rhodasol Tours for the excerpts of various hotels from their holiday brochure; Semana for the pictures and biographies from *Semana* no.2580; Suntravel Ski for their leaflet; Suplemento Semanal for the articles from *Suplemento Semanal*; Suplemento TV for the extracts from *Suplemento TV*; Técnicas Reunidas SA for their advertisement; Telva for the extract and photo from *Telva*; Tiempo for the pictures from *Tiempo*; Transportes Urbanos de Zaragoza for extracts from their booklet and sample tickets; Trueques for five adverts from *Trueques*; Valle de Tena for their leaflet of Formigal Ski Resort; Viva for the article and cartoon from *Viva*; Zaragoza mes a mes for the extract from *What's On?*.

Every effort has been made to trace and acknowledge ownership of copyright. The publishers will be glad to make suitable arrangements with any copyright holders whom it has not been possible to contact.

Photo acknowledgements

The publishers would like to thank the following for the use of their photographs:

Aisa: pages 6 (bottom left), 185 (middle) and 193; Stuart Boreham: page 197 (top right and bottom right); Cambio 16: pages 13 (top and bottom) and 38 (top); Cephas: page 156 (top right); Efe: pages 6 (bottom right) and 38 (left); Mrs Gillian Grebby: page 120 (top); Sally and Richard Greenhill: page 71 (right); Susan Griggs Agency: page 185 (bottom); Rex Features: page 38 (right); Spanish Tourist Office: pages 156 (top left and bottom left) and 185 (top); Thomson Citybreaks: page 120 (middle and bottom); Topham Picture Source: pages 38 (middle) and 156 (bottom right); H. Wiles: page 87 (bottom right); Zefa: pages 6 (bottom middle and top right) and 89.

The publishers would also like to thank Andrew Warrington for his illustrations.

Contents

Introduction

Pasos is a two-stage Spanish course for adult learners who are either starting from scratch or who have a basic knowledge of the language.

Language learning is about confidence. Confidence in language learning is about understanding and responding to others using appropriate language in appropriate situations. In order to build this confidence, the learner needs the right kind of exposure to the right kind of language situations, the opportunity for relevant communicative practice, a sound knowledge of grammar and structure and a solid repertoire of vocabulary.

The *Pasos* approach is practical from the very beginning; a wide variety of authentic materials with graded tasks help present and practise the language required for effective communication. Clear examples and explanations make the grammar easy to absorb, and emphasis is placed on the acquisition of a wide range of essential vocabulary from an early stage. This approach will help build your competence and confidence in using the language and will help you to enjoy your language learning.

Pasos makes language-learning relevant to you, the learner. It interests itself in your opinions, your experience and your knowledge. Through its wealth of authentic materials, it builds up a comprehensive picture of the history, customs and everyday life which make modern Spain and Latin America what they are today. Through learning the language, you also learn about the culture, and through learning about the culture, you will want to use the language.

Balance and variety are prominent features of the course. A balance of freer, fluency activities and graded, accuracy-based tasks; a balance between the four language skills of listening, speaking, reading and writing, each used to reinforce the other; a balance of presentation and practice of new language items; and a balance between the study and use of grammar and vocabulary, the cornerstones of language-learning.

Book 1 is divided into 14 units, each providing approximately six hours of material. Each unit is topic-based and introduces a fundamental aspect of structure. Each is subdivided into several, stand-alone sections allowing the main topics to be developed and diversified, focusing on many aspects of everyday life and allowing the presentation of subsidiary grammatical items and lexical areas.

Units 7 and 14 are consolidation units and comprise additional materials and activities designed to revise and develop language previously covered.

Vocabulary is listed in Spanish–English format at the end of each unit, and an English–Spanish dictionary of all the vocabulary covered is provided at the end of the book.

Likewise, the brief grammar review at the end of each unit is backed up by a detailed reference section of all the grammar points at the back of the book, which offers examples and unit and page references. Using these resources, the course can be used successfully if you are studying alone as well as in the classroom.

We hope you enjoy the course and we hope you will want to find out more about life in Spanish-speaking countries. Good luck!

Symbols used in *Pasos*

 = listening exercise

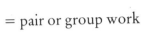 = oral practice

 = text to be read
or
points to learn

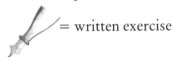 = pair or group work

 = written exercise

A Guide to Spanish Pronunciation

This guide can also be found at the beginning of the accompanying cassette set.

The secret of successful pronunciation in Spanish lies in keeping the vowels short and true. Consonants maintain constant values, but some are modified when adjacent to certain letters.

Vowels

Letter	Spanish word	As in
a	padre	*pad* (the *a* is short)
e	tengo	*ten* (the *e* is short)
i	fin	somewhere between *fin* and *me* (short)
o	foto	Somewhere between *fog* and *foe* (short)
u	gusto	*good*

Sometimes two vowels are placed together:

ue	bueno	(*bwenno*)
ie	bien	(*bi(y)en*)
au	trauma	*round*
ei	seis	*face*
ai	bailar	*bide*
eu	deuda	pronounce elements separately (**e** + **u**)
oi	hoy	*boy*

Consonants

- *b and v sound virtually the same in Spanish. At the beginning of a word or a syllable, both are pronounced* *like the English **b**, as in **bi**g. In the middle of a word it is a slightly softer sound.*

- *j is pronounced at the back of the throat, rather like the **ch** in the Scottish lo**ch**, as in* jugar, jamón.

- *g is also pronounced in this way when placed before e or i:* gente
gimnasio
But note: guerra, guitarra *as in get. This is because of the **u** between the **g** and the main vowel.*

- *h is not pronounced at all:* hora, ahora.

- *c is pronounced like a soft **th**, as in **th**eatre, when placed before e or i:*
centro
cine
*Otherwise it is pronounced like English **k**:* comida.

- *z is always pronounced like a soft **th**:*
zona (*thona*)

  *Note: **ce**, **ci**, and **z** are pronounced as in 'see' in South American Spanish and in some parts of the south of Spain:* cine (*seeneh*)

- *r is always strongly pronounced. It is rolled like the Scottish **r**.*
pero = *but*
perro = *dog*   (*double **r** produces a stronger roll*)
comer = *eat*

- *ll is pronounced **y**, as in* llamar (*yamar*).

- *ñ is pronounced as in* mañana (*manyanna*).

- *w is only found in imported words like* whisky (*where it is pronounced similarly to the English pronunciation, and* wáter (*water closet*), *where it is pronounced with a **b** (as in **b**atter).*

Stress

*1 Words ending in **n**, **s** or a vowel: the penultimate syllable is stressed* recepcionista, patatas, cenan.
*2 Words ending in a consonant other than **n** or **s**: the last syllable is stressed:* comer.
3 When either of rules 1 or 2 are not applied, an acute accent appears over the stressed syllable: recepción, inglés.

uno

¿Quién eres?

Meeting people · Countries and nationalities
Socialising · Jobs
Greetings (formal and informal) · Family
Talking about yourself · Numbers 0–9

A Nombres y Saludos

ACTIVIDAD 1

Listen to sentences 1 to 4 and put the number of each sentence in the box.

a Me llamo Charo ☐

b Me llamo Tomás ☐

c Me llamo María Teresa ☐

d Me llamo Tessa. ¿Y tú? ☐

A C T I V I D A D 2

Ejemplo:

Rosa María	Hola, me llamo Rosa María. ¿Y tú?
Pedro	Me llamo Pedro.
Rosa María	Hola. Me llamo Rosa María. ¿Y usted?
Manuel	Me llamo Manuel.

Practise with a partner.

A: Hola .. .. ¿Y.....?

B: .. ..

¡Atención!

you = tú (*informal*)

= usted (*formal*)

A C T I V I D A D 3

Saludos (*Greetings*):

¡Hola!

Buenos días

Buenas tardes

Buenas noches

Adiós

ACTIVIDAD 4

Practise greeting people at these times.

3 pm ....
10 am ....
11 pm ....
7 pm ....
7 am ....
8 pm ....

ACTIVIDAD 5

Informal

A: ¿Cómo *te* llam*as*?
B: Me llamo Magdalena.

Formal

A: ¿Cómo *se* llam*a*?
B: Me llamo Manuel Martín.

ACTIVIDAD 6

Escucha y decide

Formal = F   *Informal* = I

1 F
2 ...
3 ...
4 ...
5 ...

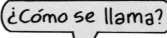

¡Atención!

Mucho gusto = *Pleased to meet you*

¡Hola! = *Hello*

1

Tú	¡Cómo se llama?
Señor	Me llamo Arturo.
Tú	Mucho gusto.

2

Continúa: *write the correct form of address.*

Tú	¿. . . . .?
Chica	Me llamo Ana.
Tú	. . . .

3

Tú	¿. . . . .?
Señora	Me llamo Rosa.
Tú	. . . .

4

Tú	¿. . . . .?
Chico	Me llamo Carlitos.
Tú	. . . .

Continúa con tus compañeros.

B Profesiones

En la clase:

¡Atención!

Soy = I am

Una profesión para una persona (*One job for each person*):

1 recepcionista	**2** camarera	**3** arquitecta
4 profesor	**5** médico	**6** mecánico

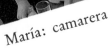

María: camarera

Jesús: .....

María Teresa: . . . . . .

Juan: . . . .

Carmen: . . . . . .

Eduardo: . . . . . .

Masculino	Femenino	M	F
camarero	camarera	-o	-a
profesor	profesora	consonant	-a
estudiante	estudiante	-e	-e
recepcionista	recepcionista	-a	-a

1 María es camarera.
2 ....
3 ....
4 ....
5 ....
6 ....

> **¡Atención!**
>
> María es ~~una~~ camarera.
> María es camarera.
> es = *(he/she) is*

Use the pictures from Actividad 9

Ejemplo:

A: ¡Hola! Me llamo Juan y soy médico. ¿Y tú?
B: Me llamo María Teresa y … ………

Continúa con Eduardo y Carmen.
   con Jesús y María.

Continúa con 2 o 3 estudiantes.
A: Me llamo …… y soy ……. ¿Y tú? etc.

For more jobs, see Vocabulario, *page 16.*

Soy arquitecta

Me llamo Rosa.
Soy profesora.
¿Y tú? ¿Qué eres?

Me llamo Rosa.
Soy Profesora.
¿Y usted? ¿Qué es?

> **¡Atención!**
>
> tú = ¿Qué eres?
> usted = ¿Qué es?
>
> OR
>
> ¿Cuál es tu profesión?
> ¿Cuál es su profesión?

Soy médico

Make sentences.

Ejemplo:
1 Se llama . . . . Es actor.

MANUEL BANDERA

Actor

Las cosas del querer,
primera película para uno
de los valores más firmes
del renovado cine español.

Continúa:

2

MERCEDES SAMPIETRO

Actriz

La actriz catalana rueda en
Barcelona *La Bañera* bajo
la dirección de **Jesús
Garay,** una historia de
fantasmas.

3

ARANTXA SANCHEZ VICARIO

Tenista

La pequeña de la saga de los
Vicario continúa su racha de
éxitos y de ganancias. En estos
momentos es la tercera tenista
del mundo que más dinero ha
ganado en la competición en
esta temporada. Todo un logro
para la genial jugadora.

4

JUAN ANTONIO SAN EPIFANIO, «EPI»

Deportista

Epi, considerado por
L'Equipe como el mejor
jugador de baloncesto de
la década, ha vuelto a ser
el de siempre en el
partido contra el Real
Madrid.

5

ANTONIO SAURA

Pintor

El Centro de Arte Reina
Sofía abrió sus puertas a
una muestra retrospectiva
de **Saura,** considerado el
máximo exponente de la
vanguardia pictórica de
España.

6

ANTONIO GIMENEZ RICO

Director de cine

El director, que se encuentra
rodando una serie para TV
llamada *Pájaro en la tormenta,*
llevará en septiembre al teatro
Bellas Artes la obra *Las
guerras de nuestros antepasados,*
de **Miguel Delibes,** con **José
Sacristán** como protagonista.

7

LIZA MINNELLI

Actriz y cantante

Liza Minnelli, junto a **Sammy
Davis Jr,** ha actuado en
Perelada (Gerona) en una
única presentación. Este ha
sido el debut en España, ya
que **Sammy Davis** ya había
estado aquí con anterioridad.

*Find one exception to the masculine and feminine rules
given above.*

C Nacionalidad

¡Hola! Me llamo Rosa. Soy profesora. Soy española de Zaragoza.

¡Hola! Soy María Teresa. Soy arquitecta. Soy Colombiana, de Bogotá.

COLOMBIA

ESPAÑA

ACTIVIDAD 15

Una persona de		es	**Masculino**		**Femenino**
	España	es	español	o	española
	Inglaterra		inglés		inglesa
	Escocia		escocés		escocesa
	Gales		galés		galesa
	Irlanda		irlandés		irlandesa
	América		americano		americana
	Argentina		argentino		argentina
	Brasil		brasileño		brasileña

For more nationalities see Vocabulario, *page 16–17.*

Listen to this person describing the class in the picture from one to ten. Where are they from?

ACTIVIDAD 16

japonés

alemana

escocesa

italiano

norteamericana

inglesa ☐ 1

galesa

francés

irlandesa

brasileño

ACTIVIDAD 17

Practica en la clase.

Ejemplo:

Alice	¿De dónde eres?
Robert	Soy americano, de Los Angeles. ¿Y tú?
Alice	Yo soy inglesa, de Londres.

Continúa con los compañeros de la clase.

¡Atención!

¿De dónde eres = Where are you
(tú)?   from?

¿De dónde es
(usted)?

ACTIVIDAD 18

Look at the contents page of this travel brochure.

CONTENIDO

Which page will you look at if you want to visit the following:

Roma	El Cairo	Berlín
París	Estocolmo	Zúrich
Estanbul	Kingston	
Casablanca	Atenas	

19

In La ONE (Orquesta Nacional de España) *there are a number of musicians from other countries. Read the text, then answer the questions.*

Mujeres de la Orquesta Nacional

En la One hay profesoras contratadas de otros países. *Kinka Petrova Hintcheva* es búlgara y *Yoom Im Chang*, coreana, ambas, violines primeros. *Carmen Mezei*, violinista, es rumana.
Evelin Rosenhart, de 29 años, holandesa, es chelista *contratada* de la ONE desde 1985.

¿Quién es de Bulgaria?
             Holanda?
             Rumania?
             Corea?

¡Atención!

¿Quién? = *Who?*

D La Familia

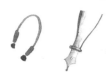

20

Esta es la familia Falcón Yuste.

¡Atención!

el padre	=	*the father*
la madre	=	*the mother*
la mujer	=	*the wife*
el marido	=	*the husband*
el hijo	=	*the son*
la hija	=	*the daughter*
el hermano	=	*the brother*
la hermana	=	*the sister*
el (masculino) la (femenino)	=	*the*

Completa:

Luis es **el padre** de Javier y Yolanda, y . . . . . . de Alicia.
Alicia es . . . . . . de Yolanda y Javier, y la mujer de . . . .
. . . . . . es el hijo de Luis y Alicia, y . . . . . . de Yolanda.
Yolanda es . . . . . . de Luis y Alicia, y la hermana de . . . .

21

Test your partner by making questions:

A: ¿Cómo se llama el padre de Javier?
B: Se llama Luis.

Continúa.

22

Bea habla de su familia.

Complete the family tree for the family, using these names:
Bea, Celia, Eduardo, Ana.

Bea

> ### ¡Atención!
>
> **Tengo una**
>   hermana   =   *I have a (one) sister*
> **mi familia**   =   *my family*
> **tu familia**   =   *your family*

23

Habla de tu familia con un compañero.

Tengo . . . . . .
Mi . . . . . . se llama . . . . etc.

EN CASA O EN CLASE

ACTIVIDAD 24

Listen to this introduction to a quiz programme.
The presenter introduces three couples.
Listen and complete the chart.

¡Atención!

son	=	*they are*
¿De dónde son?	=	*Where are they from?*
		(Literally: From where are they?)

	1	2	3
Relación			
¿De dónde son?			
Profesiones	a	a	a
	b	b	b

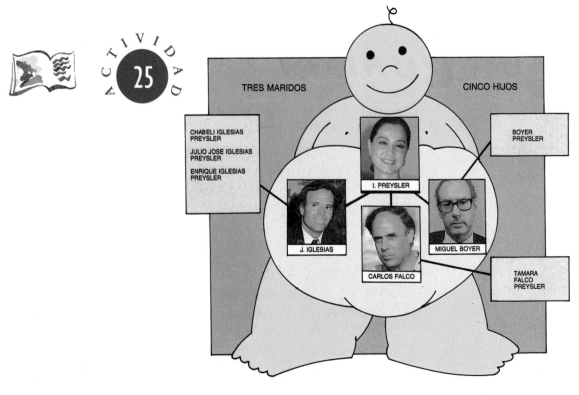

TRES MARIDOS

CINCO HIJOS

CHABELI IGLESIAS PREYSLER

JULIO JOSE IGLESIAS PREYSLER

ENRIQUE IGLESIAS PREYSLER

BOYER PREYSLER

I. PREYSLER

J. IGLESIAS

MIGUEL BOYER

CARLOS FALCO

TAMARA FALCO PREYSLER

Read the text about Isabel Preysler, one of Spain's most famous and richest women, and find out the following:

1 De dónde es.
2 Qué es.
3 El número de maridos.
4 El número de hijos (total).
5 El número de hijos por marido.
6 Las profesiones de los maridos.
7 El nombre de su marido actual (*present husband*).

Isabel Preysler es filipina pero vive en España. Su profesión: famosa.

Tiene cinco hijos: dos hijos y una hija de su primer marido, una hija de su segundo marido y otra hija, Ana, del tercero. Su primer marido es el famoso cantante Julio Iglesias con quien se casó a los veinte años. Después de unos ocho años se divorció del cantante y se casó con Carlos Falcó, marqués de Griñón. Su matrimonio parecía estable cuando llegó el escándalo. Isabel y Miguel Boyer, Ministro de Economía del Gobierno tenían una relación secreta. Miguel Boyer dimitió del Gobierno y se casó por sorpresa con Isabel en 1988. Ahora es banquero. Miguel e Isabel tienen una hija llamada Ana.

Vocabulario para la próxima lección

Números

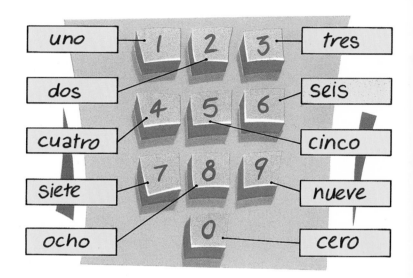

uno — 1
2 — dos
3 — tres
4 — cuatro
5 — cinco
6 — seis
7 — siete
8 — ocho
9 — nueve
0 — cero

Gramática

VERBO: **ser** = *to be*

(Yo)	**Soy**	mecánico	*I am a mechanic*
(Tú)	**¿Eres**	española?	*Are you Spanish?*
El/Ella	**Es**	de Madrid	*He/She is from Madrid*
Usted			*You are from Madrid (formal)*

VERBO: **llamarse** = *to be called*

¿Cómo **te llamas**?   *What's your name?*

¿Cómo **se llama**?   *What's your name? (formal)*
  What's his/her name?

Me llamo Juan   *My name is Juan*
  I'm Juan

Se llama Gloria   *Her name's Gloria*
  She's Gloria

¿Y tú?
¿Y usted?   *And you?*

VERBO: **tener** = *to have*

Tengo un hermano — *I have one brother*
¿Tienes hermanos? — *Do you have (any) brothers?*

MASCULINO Y FEMENINO

*Most masculine nouns end in **-o**:*   camarero
*Most feminine nouns end in **-a**:*   camarera
But there are some exceptions: recepcionista (m + f)
                               profesor (m)/profesora (f)
                               estudiante (m + f)

el hijo (masculine) = ***the*** son
la hija (feminine)   = ***the*** daughter

PLURALES

Words ending in a vowel:
recepcionista   recepcionista**s**

Words ending in a consonant:
profesor   profesor**es**

Vocabulario

Saludos	*Greetings*	**Profesiones**	*Jobs/Professions*
Hola	*Hello*	arquitecto/arquitecta	*architect*
Buenos días	*Hello/Good morning/ Good day*	camarero/camarera	*waiter, barperson*
		cantante	*singer*
Buenas tardes	*Good afternoon/ Good evening*	dependiente/ dependienta	*shop assistant*
Buenas noches	*Goodnight*	estudiante	*student*
Adiós	*Good bye*	funcionario/ funcionaria	*clerk*
Mucho gusto	*Pleased to meet you (literally: great pleasure)*	hombre/mujer de negocios	*businessman/woman*
		ingeniero/ingeniera	*engineer*
Preguntas	*Questions*	mecánico/mecánica	*mechanic*
		médico/médica	*doctor*
¿Cómo te llamas?	*What's your name?*	profesor/profesora	*teacher*
¿Cómo se llama?	*What's your name? (formal)*	recepcionista	*receptionist*
¿De dónde eres?	*Where are you from?*	deportista	*sportsman/woman*

Países y Nacionalidades / *Countries and Nationalities*

Alemania	*Germany*
alemán/alemana	*German*
América	*America*
(Norteamérica)	*(North America)*
americano/americana	*American*
Argentina	*Argentina*
argentino/argentina	*Argentinian*
Bélgica	*Belgium*
belga	*Belgian*
Brasil	*Brazil*
brasileño/brasileña	*Brazilian*
Colombia	*Columbia*
colombiano/ colombiana	*Columbian*
China	*China*
chino/china	*Chinese*
Dinamarca	*Denmark*
danés/danesa	*Danish*
Escocia	*Scotland*
escocés/escocesa	*Scottish*
España	*Spain*
español/española	*Spanish*
Francia	*France*
francés/francesa	*French*
(País de) Gales	*Wales*
galés/galesa	*Welsh*
Grecia	*Greece*
griego/griega	*Greek*
Holanda	*Holland*
holandés/holandesa	*Dutch*
India	*India*
hindú	*Indian (Hindu)*
Inglaterra	*England*
inglés/inglesa	*English*
Irlanda	*Ireland*
irlandés/irlandesa	*Irish*
Irlanda del Norte	*Northern Ireland*
irlandés/irlandesa (del Norte)	*Northern Irish*
Italia	*Italy*
italiano/italiana	*Italian*
Jamaica	*Jamaica*

jamaicano/a	*Jamaican*
Japón	*Japan*
japonés/japonesa	*Japanese*
México	*Mexico*
mejicano/mejicana	*Mexican*
Paraguay	*Paraguay*
paraguayo/paraguaya	*Paraguayan*
Perú	*Peru*
peruano/peruana	*Peruvian*
Suecia	*Sweden*
sueco/sueca	*Swedish*
Suiza	*Switzerland*
suizo/suiza	*Swiss*
Turquía	*Turkey*
turco/a	*Turkish*
Uruguay	*Uruguay*
uruguayo/uruguaya	*Uruguayan*

La familia / *The family*

el padre	*the father*
la madre	*the mother*
el marido	*the husband*
la mujer	*the wife*
el hijo	*the son*
la hija	*the daughter*
el hermano	*the brother*
la hermana	*the sister*
con	*with*
de	*from*
(Soy de Zaragoza)	*(I'm from Zaragoza)*
ahora	*now*
mi	*my*
(mi hermano)	*(my brother)*
tu	*your*
(tu hermana)	*(your sister)*
¿dónde?	*where?*
¿qué?	*what?*

Verbos / *Verbs*

tener	*to have*
(Tengo un hermano)	*(I have a brother)*
ser	*to be*

dos

¿Qué quieres?

In the bar and restaurant:
    ordering food and drink
    saying what there is
Making friends:
    saying where you live and
    where you are from
Forms of address

Numbers: 10–100
Telephone numbers
The alphabet:
    spelling your name and
    address
Saying how old you are

A En el bar

Virginia en un bar.

Virginia	Hola.
Camarero	Hola. ¿Qué quieres tomar?
Virginia	Quiero una tónica. Bueno . . . un café por favor.
Camarero	¿Quieres algo más?
Virginia	Sí. ¿Qué hay?
Camarero	Hay olivas, patatas fritas, empanadillas, jamón . . .
Virginia	¿Hay tortilla de patata?
Camarero	Sí.

Virginia	Bueno, pues . . . tortilla.
Camarero	¿Algo más?
Virginia	No, nada más. ¿Cuánto es?
Camarero	Trescientas pesetas.

·BAR MIGUEL·

Tónica 100

Patatas Fritas 200
_____
300

·BAR MIGUEL·

Café 100

Tortilla 200
_____
300

ACTIVIDAD 2

¿Cuál es la cuenta de Virginia? (*Which is Virginia's bill?*)

Listen to dialogues 1 to 8, and put √ or × in the boxes.

Dialogue 1 A: ¿Quieres un café?
B: Sí, gracias.

Dialogue 2 A: ¿Quieres una Coca Cola?
B: No, gracias.

Continúa con 3, 4, 5, 6, 7, 8.

café √   zumo de naranja ☐   coca cola ✗   cerveza ☐   pan ☐

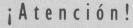
¡Atención!

un (masculino) } = a
una (femenino) }

¿Quieres . . . ?   *Do you want . . . ?/Would you like . . . ?*

Por favor   *Please*

Gracias   *Thank you*

tortilla de patata ☐   jamón ☐   queso ☐

ACTIVIDAD 3

1 Ejemplo:

Camarero ¿Quieres un té?

Virginia No gracias. Quiero un café solo.

2 Continúa:

Juan ¿ . . . . . . una cerveza?

Gloria No . . . . . . , ... un whisky.

3

un café con leche   un té con limón

4

un vino blanco   un vino tinto

5

una tónica   un agua mineral

6

un zumo de naranja   un agua mineral

ACTIVIDAD 4

Ejemplo:

1 Camarero ¿Qué quieres?

Virginia Quiero un té con leche, por favor.

Continúa:

2 Camarero ¿Qué . . . . . . ?

Gloria Un cortado, (*small white coffee*) . . . .

3 A ¿Qué . . . . . . ?

B . . . . . . un café solo, ...

Continúa con ejemplos de las Actividades 2 y 3.

B ¿Hay patatas fritas?

ACTIVIDAD 5

1	Virginia	¿Hay olivas?
	Camarero	Sí. Hay olivas.
2	Virginia	¿Hay patatas fritas?
	Camarero	No. No hay patatas fritas.

> **¡Atención!**
>
> Hay   = *There is/are*
> ¿Hay . . .? = *Is there . . ./Are there . . . ?*
> ¿Qué hay? = *What is there?*

ACTIVIDAD 6

Estudiante A: *this page*
Estudiante B: *page 224*

Estudiante A: *Here is a list of items you might have in your bar. From the list, choose **four** items you do **not** have. Don't tell Estudiante B what they are!*

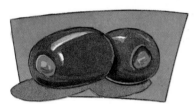

Olivas

Patatas fritas

Jamón

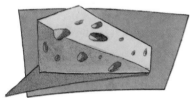

Queso

Empanadillas

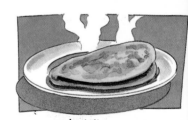

tortilla

> **¡Atención!**
>
> Quiero un bocadillo de jamón
>   queso
>   tortilla
>   calamares

Calamares

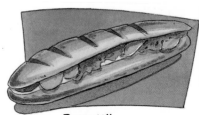

Bocadillo

Estudiante B *will ask what you have in your bar,*
eg: ¿Hay patatas fritas?
You answer, then Estudiante B *will order something.*

Now swop roles: ask Estudiante B *what he/she has in the bar, then order something.*

La diferencia entre un bocadillo

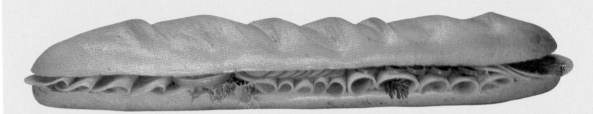

y un sandwich

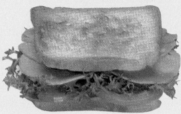

Este es el Bar Miguel.
Miguel, el propietario, es de Belchite. Es un bar familiar.
Miguel y su mujer preparan todos los días muchas tapas y bocadillos para los clientes.
Una tapa es un aperitivo, un plato pequeño de comida,
por ejemplo de olivas, de champiñones, o de patatas fritas.
Las tapas son muy típicas de los bares en España.

1 ¿Cómo se llama el bar?
2 ¿Cómo se llama el propietario del bar?
3 ¿De dónde es el propietario?
4 ¿Qué tipo de bar es?
5 ¿Qué es una tapa?
6 ¿Hay bocadillos en el bar?

¡Atención!

los (masculino) ⎱
las (femenino)   ⎰ = *the* (+ *plural*)

C En el restaurante

8 Listen to these two people ordering from the menu below. Tick the items they order.

Bebidas

Refrescos y aguas

Coca-cola, Fanta
(naranja o limón)......... 150

Tónica Schweppes
(naranja o limón)......... 150

Agua Mineral (con o sin gas, 1/2 botella).......... 120

Cervezas

Reserva (1/3)......... 180
Cervezas especiales (1/3) 150
Copa Imperial (350 cl.). 145
Importación 220

Sandwiches

Todos se sirven con guarnición de tomate y ensaladilla rusa.

JAMON Y QUESO A LA PLANCHA 315

VEGETAL PLANCHA, con espárragos, lechuga y tomate...................... 305

COMBINADO DE PAVO, tres tostadas con una capa de pavo y queso y en otra huevo duro, jamón de york, lechuga y tomate............ 405

CROQUE MONSIEUR, dos tostadas con jamón de york, queso, encima champiñón, ligeramente salseado con bechamel, gratinado y patatas fritas.................... 430

PAYES, con tomate, jamón serrano, tortilla francesa y patatas fritas.................. 495

DE POLLO DOBLE, con salsa rosa, huevo duro, pepinillo y tomate.................. 415

SANDWICH DOS ISLAS, con jamón de york, manzana, queso, salsa rosa, lechuga, huevo y mahonesa.................... 390

MONTECRISTO, jamón york, queso, pollo fileteado, tomate, mahonesa, en dos pisos, con guarnición de patatas fritas................. 430

DE TERNERA, con bacon, lechuga, tomate, jamón de york y salsa tártara 405

VIPS CLUB
Tres pisos con jamón de york, pollo, bacon, queso y tomate......... 455

9 Look again at the sandwich menu above. Look at the ingredients (los ingredientes) of each sandwich. Now work out which sandwich you want to order from some of the ingredients shown in the pictures below. You might have a choice of two.

1

2
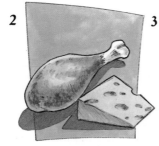

3

4

If there are words you do not know, check in the dictionary.

¿Quién dice qué?   (Who says what?)

Work with a partner to link the captions with the pictures, and then practise the dialogue.

ACTIVIDAD 10

1 Bueno, un poco.	2 No, no gracias.
3 ¿Quieres vino?	4 Sólo un poco.
5 ¡Uy, basta, basta!	6 ¡Qué bueno!
7 Mmm, no sé.	8 ¡Salud!
9 ¿Un poco más?	

¡Atención!

No sé = { I don't know / I'm not sure

Verbo: saber = to know (something)

You will find these expressions in the Vocabulary section on page 33.

D La Hora del Café

ACTIVIDAD 11

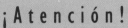

Dos personas en un bar.

¡Atención!

¿Está libre?   = Is this (seat) free?
¿Está ocupado? = Is this (seat) occupied?

	María	Alfonso
¿Dónde vive?		
¿De dónde es?		
¿Cuál es su profesión?		
¿Qué quiere beber?		

¡Atención!

vivir = *to live*
vivo
vives
vive

ACTIVIDAD 12

Estudiante A: *this page*
Estudiante B: *page 224*

La Hora del Café

CAFE, solo, cortado o con leche 120
DESCAFEINADO 125
CHOCOLATE 140
LECHE 110
YOGOURT, natural 110
INFUSIONES 125
ZUMO DE NARANJA, natural 190
ZUMO DE TOMATE, POMELO O PIÑA 165
CAFE IRLANDES 415
TOSTADA, con mantequilla y mermelada 125
CROISSANT, TORTEL O NAPOLITANA 120

Make up a dialogue like the one in Actividad 11 *using the following details:*

Estudiante A:

*Inglés/Inglesa
De Birmingham
Vives en Barcelona
Profesor(a) de inglés
¿Qué quieres beber?*

Estudiante B *will ask you questions. Reply using the above details.*

Now you ask Estudiante B *the same questions.*

Estudiante A y Estudiante B: *now create another set of circumstances for yourselves and practise another dialogue.*

ACTIVIDAD 13

Ejemplo:

You will hear: **1 A:** ¿Dónde vives?
   B: Vivo en Málaga.

So put 1 in the box beside Málaga:

Bogotá	☐	Santiago	☐
Ciudad de México	☐	Málaga	1
Lima	☐	Montevideo	☐
Caracas	☐		

ACTIVIDAD 14

Continúa con los compañeros de la clase. (*If you all live in the same town say the district or the road.*)

ACTIVIDAD 15

Vivo en una plaza.

Match names with photos.

a

b

c

d

1

2

3

4

A C T I V I D A D

16

¿Cuál es tu dirección (*address*)?

Sr. Pedro Rodríguez
Pza. Estación, 8
Canfranc,
(Huesca)

VIA AEREA

Sra. Carmen Arias
Avda de la Constitución, 79-3º Izda.
41002 Sevilla

By air mail
Par avion

Sr. D. Eduardo Martínez
C/ Goya nº 10 - 6º A
Zaragoza 50006
España

Srta María Delgado
Ctra Cariñena, 25
Belchite,
Zaragoza.

Sra. Francisca García
Pº San Juan, 34 8º B
08009 - Barcelona

¡Atención!

Sr.   = Señor   = *Mr*
Sra. = Señora   = *Mrs*
Srta. = Señorita = *Miss*
Nª = Número = *Number*
1ª = Primero = *First (floor)*
2ª = Segundo = *Second (floor)*

1 ¿Quién vive en una avenida?
2 ¿Quién vive en un paseo?
3 ¿Quién vive en una calle?
4 ¿Quién vive en una plaza?
5 ¿Quién vive en una carretera?

E Los números 10–100

ACTIVIDAD 17

10 diez	16 dieciséis	21 veintiuno
11 once	17 diecisiete	32 treinta y dos
12 doce	18 dieciocho	43 cuarenta y tres
13 trece	19 diecinueve	54 cincuenta y cuatro
14 catorce	20 veinte	65 sesenta y cinco
15 quince		76 setenta y seis
		87 ochenta y siete
		98 noventa y ocho
		100 cien

Escucha:

Listen to some of the numbers from the list above.

1 *Tick the number you hear.*

2 *Now listen again and write the number in words.*

ACTIVIDAD 18

Ejemplos:

¿Cuál es tu número de teléfono?   674 6697
seis-siete-cuatro,
sesenta y seis,
noventa y siete

¿Cuál es tu número de teléfono?   29-79-92
veintinueve, setenta
y nueve, noventa y
dos

Continúa:

Continúa con los números de teléfono de tus
compañeros.

F El abecedario español

a b c ch d e f g h i j k l ll m
n ñ o p q r s t u v w x y z

ACTIVIDAD 19

Which name does she spell?

1 García Gracia	2 Fernández Fernando	3 Martinell Martínez
4 Yuste Juste	5 González Gonzálvez	6 Ezquerra Izquierda

ACTIVIDAD 20

Escucha y completa el diálogo:

A: ¿Cómo te llamas?
B: Me llamo José Luis Martín . . . .
A: ¿Cómo se escribe . . . . . . ?
B: … … … … ….
A: ¿Dónde vives?
B: Vivo en la calle . . . . . ., número . . . .
A: ¿Cómo se escribe?
B: … … … … … … … …..
A: ¿Cuántos años tienes?
B: Tengo ….

¡Atención!

¿Cómo se escribe? = *How do you spell it?*
¿Cuántos años tienes? = *How old are you?*
Tengo veinticinco (años) = *I am twenty-five*

Verbo: tener = *(literally) to have*

ACTIVIDAD 21

Estudiante A: *Spell your surname and the name of your street, but don't say the name.*
Estudiante B: *Write down the surname and street of your partner, then check it.*

Ejemplo:

A: Mi apellido (*surname*) se escribe J-O-H-N-S-T-O-N
Mi calle es B-R-A-E-M-A-R S-T-R-E-E-T

Continue with other students.

¿Cuántos años tienen ahora?   (*How old are they now?*)

ACTIVIDAD 22

CUMPLEAÑOS

Lina Morgan (20-3-1937) 52

José Federico de Carvajal (14-3-1930) 59

Ursula Andress (18-3-1934) 55

Alberto de Mónaco (14-3-1958) 31

Marisa Abad (13-3-1947) 42

Now ask five students their ages and put them in order.

EN CLASE O EN CASA

ACTIVIDAD 23

The coupons below are for a grand draw for a special prize.

CUPON A
SORTEO

NESCAFÉ
Apartado de Correos 1.520
08080 BARCELONA

Deseo participar en el sorteo ante notario de los 13 "sueldos" de NESCAFÉ.

Acompaño 2 etiquetas de NESCAFÉ.

(Rellenar con letra mayúscula)

Primer apellido _____

Segundo apellido _____

Nombre _____

Calle o plaza _____

Teléfono _____ C. P. ____

Población _____

Provincia _____

CUPON B
SORTEO + "TU Y YO"

NESCAFÉ
Apartado de Correos 1.520
08080 BARCELONA

Deseo participar en el sorteo ante notario de los 13 "sueldos" de NESCAFÉ.

Y, también, deseo recibir en mi domicilio –en el plazo de unas semanas– el "TU Y YO", contra reembolso de 350 ptas.

Acompaño 2 etiquetas de NESCAFÉ.

(Rellenar con letra mayúscula)

Primer apellido _____

Segundo apellido _____

Nombre _____

Calle o plaza _____

Teléfono _____ C. P. ____

Población _____

Provincia _____

<table>
<tr><td>

</td><td>

Fill in the first with your details.
Fill in the second form with details of a partner.

A: Pregunta
B: Contesta
A: Completa
A + B: Comprueban (*check*)

</td></tr>
</table>

Correspondencia

CORRESPONDENCIA

Joan Creus Punsola, de 27 años, con lectoras de 25 a 30 años francesas residentes en Barcelona o extranjero, para intercambio de amistad. Su dirección: Torras y Bages, 17. Mollet del Vallés. Barcelona. — **Juan José Zambrano Moreno,** de 19 años, con chicas mayores de 15 años de toda España, para intercambio de amistad. Su dirección: Aptdo. de Correos, 480. 10010 Cáceres. — **María Gómez de Nicolás,** de 21 años, con chicos-as de 21 residentes en Sudamérica o Norte de Africa, aficionados a la lectura y música, para intercambio de amistad. Su dirección: Estación, 99. 5.º B. Valladolid - 4. — **Carlos Coloma,** con lectoras de 28 a 40 años, para intercambio de amistad. Su dirección: Henao, 14. - Deportes - 48009 Bilbao. — **María Angeles Fernández,** de 20 años, con chicos residentes en Bilbao o limítrofes, para formar grupo e intercambiar amistad. Su dirección: La Inmaculada, 12 bajo dcha. Cruces. Baracaldo. Vizcaya. — **Jaime Rodríguez,** de 45 años, con lectoras de 28 a 40, para intercambio de amistad. Su dirección: Primo de Rivera, 9, 6.º D. 48007. Bilbao. — **Manuel Beñegil,** de 20 años, con chicos-as de cualquier edad y toda España, para intercambio de amistad. Su dirección: Aptdo. de Correos 5088. 41006. Sevilla. — **Luisa Uuspelto,** con lectores de 45 a 55 años pertenecientes a líneas aéreas de Barcelona, en castellano, para intercambio de amistad. Su dirección: Lintukalliont, 14 B. 01620 Vanta A. 62, Finlandia. — **Daniela Magdalena Bistriceanu,** de 19 años, con chicos-as en castellano y en inglés, para intercambio de amistad. Su dirección: Str. Mircea Cel Batrin 146 A Bl. MD-8, AP. 23 Constanta. -8700- Rumania. — **Juan Moragues Moragues,** de 38 años, con lectores-as residentes en España, preferiblemente en Málaga, Barcelona o provincias, para intercambio de amistad. Su dirección: Paseo San Juan, 95 bajos 2.ª -08009- Barcelona. — **Miguel Arias,** de 60 años, viudo, con lectores-as, para intercambio de amistad. Su dirección: Apartado 401 Córdoba. — **Dámaso Garcés Ruiz,** de 43 años, con lectoras de 30 a 40 años, para intercambio de amistad. Su dirección: Villaseca de Arciel (Soria). — **Fructuoso Ovies García,** con lectores-as de todas las edades para intercambio de amistad. Su dirección: Cementerio, 9, 1.º Candas (Asturias).

Look at this Personal Column from a magazine and find the following:

1 ¿Quién vive en Barcelona?
2 ¿Quién no vive en España?
3 ¿Quién tiene cuarenta y tres años?
4 ¿Quién quiere escribir en inglés?
5 ¿Quién vive en el primer piso?

Vocabulario para la próxima lección

la capital	= *the capital (city)*		la provincia	= *province*
una ciudad	= *a city*		un kilómetro	= *a kilometre*
un pueblo	= *a town or village*		un monumento	= *a monument*
mil (m)	= *a thousand*		la agricultura	= *agriculture*
un millón	= *a million*		la industria	= *industry*
habitantes (m)	= *inhabitants*		el agua (f)	= *water*

Gramática

Hay	{ *There is* *There are*
¿Hay?	{ *Is there?* *Are there?*
¿Hay pan? Sí, hay	*Is there any bread?* *Yes there is*
¿Hay patatas fritas? Sí, hay	*Are there any crisps?* *Yes there are*
¿Cuántos años tienes? Tengo veinte años	*How old are you?* *I'm twenty (literally: I have 20 years)*

un (masculino) ⎫
una (femenino) ⎬ = *a* un té
⎭   una tónica

PLURALES: un bocadill**o** ⎫
      dos bocadill**os** ⎬ *after a vowel,* + -s
      una patat**a** ⎬
      dos patat**as** ⎭

      un ba**r** ⎫
      dos ba**res** ⎬ *after a consonant* + -es

VERBO: **querer** = *to want*

¿Qué **quieres**?	*What do you want?*
Quiero una cerveza	*I want a beer*
¿**Quieres** un café?	*Do you want a coffee?*

VERBO: **vivir** = to live

¿Dónde **vives**?	*Where do you live?*
Vivo en Londres	*I live in London*

Vocabulario

Verbos	*Verbs*
beber	*to drink*
comer	*to eat*
escribir	*to write*
querer	*to want*
saber	*to know (something)*
No sé	*I don't know*
vivir	*to live*
preparar	*to prepare*

La comida	*Food*
bocadillo	*sandwich*
bocadillo de jamón	*ham sandwich*
calamares (m)	*squid*
champiñones (m)	*mushrooms*
empanadilla	*savoury-filled pastie*
ensalada	*salad*
jamón (m)	*ham (smoked)*
jamón york	*soft ham*
olivas	*olives*
pan (m)	*bread*
patata	*potato*
patatas fritas	*crisps or chips*
pollo	*chicken*
queso	*cheese*
sandwich (m)	*sandwich*
tapa	*bar snack*
tomate (m)	*tomato*
tortilla	*omelette*

Las bebidas	*Drinks*
el agua (f)	*water*
agua mineral	*mineral water*
café (m)	*coffee*
café con leche	*white coffee (coffee with milk)*
café solo	*black coffee*
cortado	*coffee with a dash of milk*
cerveza	*beer*
té (m)	*tea*
té con limón	*tea with lemon*

tónica	*tonic water*
vino blanco	*white wine*
vino rosado	*rosé*
vino tinto	*red wine*

La dirección	*The address*
número	*number*
primero	*first*
segundo	*second*
calle (f)	*street*
carretera	*road (open road)*
plaza	*square*
avenida (Avda)	*avenue*
paseo	*main avenue*
Señor (Sr)	*Mr*
Señora (Sra)	*Mrs*
Señorita (Srta)	*Miss*
año	*year*
la cuenta	*the bill*
propietario	*owner, proprieter*
plato	*dish*
mi plato favorito	*my favourite dish*
pequeño/a	*small*
típico/a	*typical*

Expresiones útiles	*Useful expressions*
por favor	*please*
gracias	*thank you*
¿Algo más?	*Anything else?*
nada más	*nothing else*
¿Qué hay?	*What is there?/What have you got?*
hay	*there is, there are*
pues . . .	*well . . .*
bueno	*all right, good, well*
un poco	*a little*
vale, basta	*that's ok, that's enough*
¡Qué rico/bueno!	*It's really good!*
¡Salud!	*Cheers!*
No sé	*I don't know*
¿Cómo se escribe?	*How do you spell it?*

tres

¿Dónde está?

At the Tourist Office
Finding your way
Asking and saying where places are
Saying where you are from
Describing places

A ¿Dónde está?

Rosa y María Teresa

Rosa No eres española, ¿verdad?

Teresa No. Soy colombiana, pero vivo en Madrid.

Rosa ¿Cuál es la capital de Colombia?

Teresa Bogotá. Yo soy de allí.

Rosa ¿Y dónde está, exactamente?

Teresa Pues, está en el centro del país.

Rosa ¿Es muy grande?

Teresa Sí. Tiene cinco millones de habitantes.

1 ¿De dónde es Teresa?
2 ¿Cuántos habitantes tiene su ciudad?
3 ¿Dónde está la ciudad?
4 ¿Dónde vive ahora?

El norte

El noroeste

El noreste

El oeste — ·El Centro· — El est...

El suroeste

El sureste

El sur

¡Atención!

estar = *to be* (place)
Barcelona está en España

1 Madrid está en el centro de España.
2 Bogotá está en el centro de Colombia.
3 Buenos Aires está en el este de Argentina.
4 Santiago está en el centro de Chile.
5 Montevideo está en el sur de Uruguay.
6 Lima está en el oeste de Perú.
7 Caracas está en el norte de Venezuela.

Continúa con un compañero y el mapa.

Ejemplo:

1 A: ¿Dónde está Barcelona?
   B: Está en el noreste de España.

2 Rosario
3 Medellín
4 Valparaíso

5 Ciudad de México
6 Mendoza
7 Arequipa

Practise these questions:

1 ¿De dónde eres? (Soy de Madrid)
2 ¿Dónde vives? (Vivo en Barcelona)
3 ¿Dónde está (Está en el noreste de
(Barcelona)? España)

B ¿Cerca o lejos?

A —— B   C ————————————— D

A está cerca de B   C está lejos de D

Rosa María	¿Donde está Mendoza?
Héctor	Está en el oeste de Argentina.
Rosa María	¿Está cerca de Buenos Aires?
Héctor	No, está muy lejos.
Rosa María	¿A cuántos kilómetros está?
Héctor	A mil kilómetros.
Angeles	¿Dónde está Belchite?
Rosa María	Está en el noreste de España, en la provincia de Zaragoza.
Angeles	¿Está cerca de Zaragoza?
Rosa María	Si, está cerca.
Angeles	¿A cuántos kilómetros está?
Rosa María	A cuarenta kilómetros.

Estudiante A: *this page*
Estudiante B: *page 225*

Estudiante A
Ejemplo: **Belchite**/Zaragoza

A: ¿Dónde está Belchite?

B: Está en el noreste de España.

A: ¿Está cerca de Zaragoza?

B: Sí.

A: ¿A cuántos kilómetros está?

B: A cuarenta y cinco kilómetros.

Continúa:

Mendoza/Buenos Aires
Toledo/Madrid
Riobamba/Quito

Now you answer questions from Estudiante B. *Here is your information.*

León/sur de México   Terrassa/noreste   Arequipa/sur de
                       de España   Perú

↑   ↑   ↑

300 km   30 km   800 km

↓   ↓   ↓

Ciudad de México   Barcelona   Lima

En la oficina de turismo en Zaragoza.

The tourist wants to visit the places listed below. Listen to the tourist officer explaining where they are and put the numbers in the boxes in the map of the province of Zaragoza.

ACTIVIDAD 6

¡Atención!

Oiga, por favor = *Excuse me, please*
Sí, dígame = *Yes (literally: Tell me)*

Oiga, por favor.

Sí, dígame.

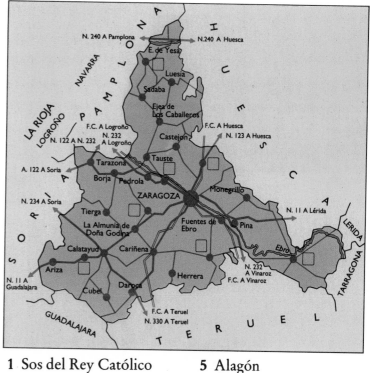

1 Sos del Rey Católico   5 Alagón
2 Caspe   6 Épila
3 Ateca   7 Zuera
4 Belchite

Dos Grandes Personajes de Dos Pequeñas Ciudades

Estudiante A: *this page*
Estudiante B: *page 225*

Estudiante A: *Make up five questions about this text.*

Mario Vargas Llosa, el famoso escritor y político peruano, es de Arequipa, una ciudad pequeña que está en el sur de Perú a 800 kilómetros de la capital del país, Lima.

Estudiante B *will ask you some questions in Spanish about this text.*
Estudiante B *has a similar text about Fernando Rey. Ask* Estudiante B *similar questions about Fernando Rey.*

Write paragraphs like the one in Actividad 7 *using the following information:*

1 Rafael Alberti/poeta/Puerto de Santamaría/suroeste de España/50,000 habitantes/20 km de Cádiz.
2 Felipe González/político/Sevilla/sur de España/ 800,000 habitantes/500 km de Madrid.
3 Carlos Saura/director de cine/Huesca/noreste de España/40,000 habitantes/70 km de Zaragoza.
4 Un personaje de tu país.

ACTIVIDAD 9

¿Cuáles son las preguntas? (*What are the questions?*)

Complete the following dialogue with appropriate questions:

Rosa María	Buenas tardes.
Sra Yuste	Hola, buenas tardes.
Rosa María	¿. . . . .?
Sra Yuste	Yo soy de Belchite.
Rosa María	¿. . . . .?
Sra Yuste	Está cerca de aquí, a cuarenta y cinco kilómetros, más o menos.
Rosa María	¿. . . . .?
Sra Yuste	No, no. No vivo allí. Vivo aquí, en Zaragoza.
Rosa María	¿. . . . .?
Sra Yuste	Grande no. No es grande. Hay más o menos mil quinientos habitantes. Es muy pequeño.
Rosa María	¿. . . . .?
Sra Yuste	Pues, hay un pueblo viejo, monumental, destruido durante la guerra civil. Está cerca del pueblo nuevo. En el pueblo viejo hay muchos monumentos, pero en el pueblo nuevo no hay mucho. Hay una piscina, un campo de fútbol, hay bares, y mucha agricultura, sí, mucha, pero no hay agua.

Now listen to the cassette and check your questions.
¿Qué hay en Belchite?

¡Atención!

¿Cómo es?	=	*What's it like?*
allí	=	*there*
aquí	=	*here*
más o menos	=	*more or less*

Vocabulario:

grande (una ciudad grande)	*big (a big city)*
pequeño/a (un pueblo pequeño)	*small (a small town)*
viejo/a (un bar viejo)	*old (an old bar)*
nuevo/a (una cafetería nueva)	*new (a new cafeteria)*
habitante (m)	*inhabitant*
pueblo (m)	*town or village*
piscina (f)	*swimming pool*

C ¿Dónde estás?

ACTIVIDAD 10

Verbo: **estar** = *to be* (place)

(Yo)	**estoy**
(Tú)	**estás**
(El/Ella/Vd)	**está**

Ejemplos:

1 ¿Dónde está Madrid?
   Madrid está en el centro de España.

2 ¿Dónde estás?
   Estoy en un bar.

ACTIVIDAD 11

Estudiante A: *this page*
Estudiante B: *page 226*

Estudiante A: *Look at this postcard*

Querida Ana,
Estoy en Canfranc en las montañas. Es un pueblo muy bonito que está a cien kilómetros de Huesca y a 15 de la frontera con Francia. Estoy en un camping cerca del pueblo. No hay muchos turistas y es muy tranquilo. Hay restaurantes muy buenos en el pueblo.
Un abrazo,
Miguel

Srta. Ana Pérez
C/ Marqués nº 54-5º-1ª
MADRID 18

N.º 35 – CANFRANC-CANDANCHU (Huesca)
- Pirineo franco-español
Valle del Aspe y carretera Pau

Ediciones Sicilia - ZARAGOZA

1 *Make up some questions about it.*
2 *Exchange postcards with Estudiante B.*
3 *Ask Estudiante B your questions.*
4 *Together compare the differences between the two postcards.*

ACTIVIDAD 12

Escribe una postal a un amigo. Incluye esta información:

Dónde estás (en un camping, un hotel, etc).
Cómo es el pueblo (cuántos habitantes hay etc).
Qué hay.

D Direcciones

ACTIVIDAD 13

¿Dónde está?

1ª la primera   3ª la tercera

2ª la segunda   4ª la cuarta

a la izquierda

todo recto

al final (de la calle)

a la derecha

ACTIVIDAD 14

Estás en el hotel. Escucha y marca el mapa.

¿Dónde está:

1 el museo de arte moderno?
2 la catedral?
3 la estación?
4 el restaurante Pepe?

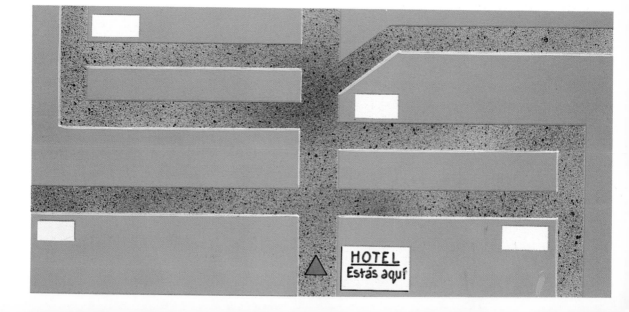

HOTEL
Estás aquí

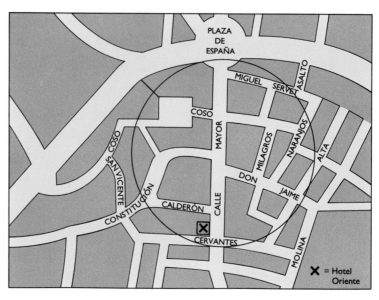

X = Hotel Oriente

You are in the Hotel Oriente. Look at the map on this page and look at these examples of directions:

1 A: ¿Dónde está la calle Don Jaime?
  B: Todo recto, la primera a la derecha.

2 A: ¿Dónde está la plaza de España?
  B: Todo recto, al final de la calle.

3 A: ¿Dónde está la calle Naranjos?
  B: Todo recto, la primera a la derecha, entonces todo recto y es la segunda a la izquierda.

Continua con un compañero:

Estudiante A: *this page*
Estudiante B: *page 226*

Estudiante A: Pregunta por . . .
               La plaza Mayor
               La avenida de la Independencia
               La calle Trafalgar
               La calle Alfonso

Estudiante B *will ask you about some other streets.*

Una invitación a una fiesta (*a party*).

Estudia el plano. Hay tres casas.
Escucha la invitación. ¿Cuál es la casa?

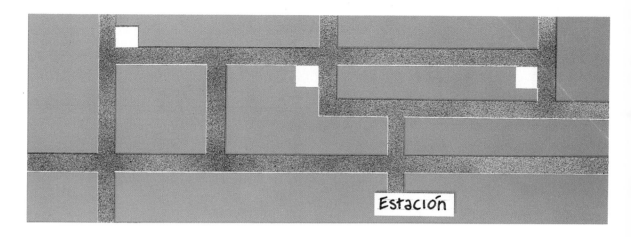

Estación

Estudiante A: *Choose one of the other houses.*
Give directions to Estudiante B.
Estudiante B: *Which house have you been given*
directions to?

Now make a simple plan or map to your house from the
nearest bus stop, train station or underground, and direct
your partner to it in Spanish.

E El restaurante está al lado del cine

¿Dónde está X?

A está en la esquina.   B está al lado de Y   C está enfrente de Z

D está en el semáforo.   E está sobre la mesa / F está debajo de la mesa.   G está delante de H / H está detrás de G   I está entre J y K

Estudiante A: *this page*
Estudiante B: *page 227*

Estudiante A: *The following are indicated both on your map and Estudiante B's map:*

1 un banco
2 un restaurante
3 un cine
4 la Telefónica
5 La Comisaría de Policía

Estudiante B *will ask you the position of some of the places on your map. They are:*

6 una discoteca
7 un parque
8 un supermercado
9 una piscina

Now ask **Estudiante B** *the position of the following:*

10 la oficina de turismo
11 el hotel
12 una farmacia
13 una gasolinera

¡Atención!

¿Dónde está la Oficina de Turismo?

¿(Dónde) hay un restaurante por aquí
(*round here*)?

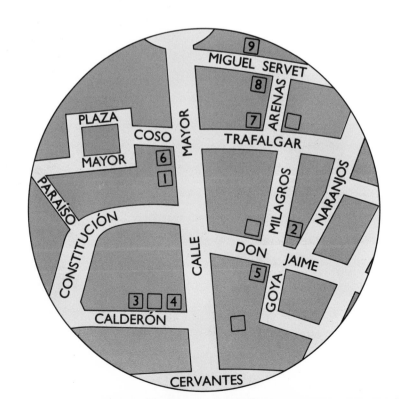

F De viaje

ACTIVIDAD 20

Mira el mapa. Lee el texto. Completa la información.

Chile

Situado entre el Pacífico y los Andes, al oeste del continente americano, Chile, con sus doce millones de habitantes, es una larga faja de tierra de sólo doscientos kilómetros de ancho y cuatro mil kilómetros de largo. Un país de contrastes, tiene el desierto más seco del mundo y también los icebergs de la Antártida. Su capital, Santiago, de cuatro millones de habitantes, tiene aspecto europeo y es moderna, limpia y ordenada, muy lejos del fin del mundo en el extremo sur del país llamado Patagonia.

Situación:
Superficie:
Habitantes:

Capital:
Otra información:

ACTIVIDAD 21

Mira la información sobre Argentina.
Escribe un párrafo.
Use the information in any order.

Situación: Sur de Sudamérica
Superficie: 2.780.000 km
Habitantes: 25.000.000
Capital: Buenos Aires
Otra información: Buenos Aires la capital más grande de Sudamérica, y la más internacional. Grandes contrastes entre las regiones.

Vocabulario para la próxima lección

How many of these can you guess?

una casa	*a house*	una terraza	. . . . . .
un piso	*a flat*	une balcón	. . . . . .
un apartamento	. . . . . .	una ventana	*a window*
un chalé	. . . . . .	caro	*expensive*
un garaje	. . . . . .	barato	*cheap*
una piscina	*a swimming pool*	una casa cara	*an expensive house*
un jardín	*a garden*	un piso barato	*a cheap flat*
una puerta	*a door/gate*		

Gramática

VERBO: **estar** = *to be (places)*

(Yo)	**estoy**	(Nostros/as)	**estamos**
(Tú)	**estás**	(Vosotros/as)	**estáis**
El/Ella/Usted	**está**	(Ellos/ellas/ustedes)	**están**

Telephone conversation

A: Dónde estás? *Where are you?*
B: Estoy en Barcelona *I'm in Barcelona*

Toledo está en el centro de España *Toledo is in the centre of Spain*
Está (bastante) cerca de Madrid *It's (quite) near Madrid*
Está (muy) lejos de Sevilla *It's a (very) long way from Seville*

muy = *very*
bastante = *quite*

VERBO: **vivir** = *to live*

¿Dónde **vives**? *Where do you live?*
Vivo en Londres *I live in London*
¿Dónde **vive**? *Where does he/she live?*
Vive en Barcelona *He/she lives in Barcelona*

VERBO: **tener** = *to have*

La Coruña **tiene** 200,000 habitantes *La Coruña has 200,000 inhabitants*
(Yo) **tengo** dos hermanos *I have two brothers*

Vocabulario

Verbos	*Verbs*
estar	*to be (place)*
¿Dónde está?	*Where is it?*

Situación	*Place*
el centro	*the centre*
el norte	*the north*
el sur	*the south*
el este	*the east*
el oeste	*the west*
el noreste	*the northeast*
el noroeste	*the northwest*
el sureste	*the southeast*
el suroeste	*the southwest*
cerca	*near*
lejos	*a long way*
¿A cuántos kilómetros?	*How many kilometres away?*
el país	*the country*
la provincia	*the province*
la región	*the region*
la capital	*the capital*
una ciudad	*a city*
un pueblo	*a town or a village*
los habitantes	*the inhabitants*
un millón	*a million*
un mapa	*a map*
un plano	*a plan*
la oficina (de turismo)	*the (tourist) office*
esquina	*corner*
al lado de	*next to*
delante de	*in front of*
detrás de	*behind*
enfrente de	*opposite*
sobre	*on, above*
debajo de	*underneath*
entre	*between*
semáforo	*traffic lights*
mesa	*table*

Profesiones	*Jobs*
escritor/a	*writer*
político/a	*politician*
actor/actriz	*actor/actress*
poeta/poeta	*poet*

Adjetivos	*Adjectives*
grande	*big (or important)*
pequeño/a	*small*
nuevo/a	*new*
viejo/a	*old (objects)*
famoso/a	*famous*

Direcciones	*Directions*
a la izquierda	*to the left*
a la derecha	*to the right*
todo recto	*straight on*
al final	*to the end*
la tercera	*the third (street)*
la cuarta	*the fourth (street)*
aquí	*here*
allí	*there*
¿Hay un banco **por aquí**?	*Is there a bank **round here/near here**?*

Edificios	*Buildings*
banco	*bank*
campo de fútbol	*football ground*
casa	*house*
catedral (f)	*cathedral*
cine (m)	*cinema*
comisaría (de policía)	*police station*
discoteca	*discotheque*
estación (f) (de la RENFE)	*(railway) station*
farmacia	*chemist*
gasolinera	*petrol station*
hotel (m)	*hotel*
El Museo de Arte Moderno	*Museum of Modern Art*
parque (m)	*park*
pensión (f)	*guest house*

piscina	*swimming pool*	exactamente	*exactly*
supermercado	*supermarket*	más o menos	*more or less*
La Telefónica	*The Telephone Exchange*	muy	*very*
		mucho	*a lot, many*
invitación (f)	*invitation*	la Guerra Civil	*The Civil War*
fiesta	*party*	durante	*during*

Expresiones útiles	*Useful expressions*	**Preguntas**	*Questions*
entonces	*then, next*	¿Cómo es?	*What's it like?*
Oiga, por favor	*Excuse me please*	¿Cómo es el pueblo?	*What's the town like?*
Dígame	*yes (literally: speak to me)*	¿Dónde está?	*Where is it?*
¿verdad?	*(Question tag)*	¿A cuántos kilómetros está?	*How far away is it?*
La Coruña está en España, ¿verdad?	*La Coruña is in Spain, isn't it?*	¿Qué hay?	*What is there?*

cuatro

¿ *Cómo es* ?

Booking into a hotel
Dates
Describing what places are like
Describing your house
Ordinal numbers

A Una habitación, por favor

En el hotel. Completa la conversación.

Recepcionista	Buenos días.
Cliente	Buenos días.
Recepcionista	¿Qué quería?
Cliente	Una habitación . . . . . . por favor.
Recepcionista	Sí. ¿Para cuántas noches?
Cliente	Para . . . .
Recepcionista	¿La quiere con . . . . . . o con . . . . . . ?
Cliente	Con . . . .
Recepcionista	¿Quiere desayunar en el hotel?
Cliente	Sí, por favor.
Recepcionista	Vale. Su carnet de identidad, por favor.

ACTIVIDAD 2

para una noche
dos noches
tres noches
cuatro noches

para una persona
dos personas
tres personas
cuatro personas

una habitación individual

una habitación doble

una habitación con baño y ducha

el desayuno
desayunar

la comida
comer

la cena
cenar

ACTIVIDAD 3

Tres diálogos.
Completa los detalles.

¡Atención!

media pensión = *half board*
pensión completa = *full board*

	Nº de habitaciones	baño	individual doble	noches	media pensión	pensión completa
1						
2						
3						
4*						

* See Actividad 4.

ACTIVIDAD 4

Estudiante A: *Use the chart to decide your own details. Reserve a room.*
Estudiante B: Estudiante A *makes the reservation. You ask the questions. Complete the details in No 4 on the chart.*

ACTIVIDAD 5

El Calendario

Hay doce meses en un año.

enero   febrero   marzo   abril   mayo   junio

julio   agosto   septiembre   octubre   noviembre

diciembre

¡Atención!

un año	=	*a year*
un mes	=	*a month*
una semana	=	*a week*
un día	=	*a day*
una hora	=	*an hour*
un minuto	=	*a minute*

La fecha (*the date*)

1 enero	=	el uno de enero
31 diciembre	=	el treinta y uno de diciembre

Enero	Febrero	Marzo
01 02 03 04 05	05 06 07 08 09	09 10 11 12 13
L 1 8 15 22 29	5 12 19 26	5 12 19 26 L
M 2 9 16 23 30	6 13 20 27	6 13 20 27 M
M 3 10 17 24 31	7 14 21 28	7 14 21 28 M
J 4 11 18 25	1 8 15 22	1 8 15 22 29 J
V 5 12 19 26	2 9 16 23	2 9 16 23 30 V
S 6 13 20 27	3 10 17 24	3 10 17 24 31 S
D 7 14 21 28	4 11 18 25	4 11 18 25 D

Abril	Mayo	Junio
13 14 15 16 17	18 19 20 21 22	23 24 25 26
L 2 9 16 23 30	7 14 21 28	4 11 18 25 L
M 3 10 17 24	1 8 15 22 29	5 12 19 26 M
M 4 11 18 25	2 9 16 23 30	6 13 20 27 M
J 5 12 19 26	3 10 17 24 31	7 14 21 28 J
V 6 13 20 27	4 11 18 25	1 8 15 22 29 V
S 7 14 21 28	5 12 19 26	2 9 16 23 30 S
D 1 8 15 22 29	6 13 20 27	3 10 17 24 D

Julio	Agosto	Septiembre
26 27 28 29 30 31	31 32 33 34 35	35 36 37 38 39
L 2 9 16 23 30	6 13 20 27	3 10 17 24 L
M 3 10 17 24 31	7 14 21 28	4 11 18 25 M
M 4 11 18 25	1 8 15 22 29	5 12 19 26 M
J 5 12 19 26	2 9 16 23 30	6 13 20 27 J
V 6 13 20 27	3 10 17 24 31	7 14 21 28 V
S 7 14 21 28	4 11 18 25	1 8 15 22 29 S
D 1 8 15 22 29	5 12 19 26	2 9 16 23 30 D

Octubre	Noviembre	Diciembre
39 40 41 42 43 44	44 45 46 47 48	48 49 50 51 52
L 1 8 15 22 29	5 12 19 26	3 10 17 24 31 L
M 2 9 16 23 30	6 13 20 27	4 11 18 25 M
M 3 10 17 24 31	7 14 21 28	5 12 19 26 M
J 4 11 18 25	1 8 15 22 29	6 13 20 27 J
V 5 12 19 26	2 9 16 23 30	7 14 21 28 V
S 6 13 20 27	3 10 17 24	1 8 15 22 29 S
D 7 14 21 28	4 11 18 25	2 9 16 23 30 D

ACTIVIDAD 6

Un cliente hace una reserva para un hotel por teléfono.
Tick the right box.

Contesta:

1 25 ☐   julio ☐   3 noches ☐
   26 ☐   junio ☐   6 noches ☐
   27 ☐   mayo ☐   7 noches ☐

2 16 ☐   enero ☐   11 noches ☐
   17 ☐   febrero ☐   12 noches ☐
   19 ☐   marzo ☐   13 noches ☐

ACTIVIDAD 7

Estudiante A: *this page*
Estudiante B: *page 228*

Estudiante A: Decide: clase de habitación
          noches
          pensión
          fecha

ACTIVIDAD 8

La cuenta (*the bill*)

AGRUPACION PROVINCIAL DE EMPRESARIOS DE HOSTELERIA DE CUENCA

Estableci._____
_____
_____ Gategoría _____
Sr. *MARTÍN*_____
Fecha llegada._*26/7*_ Fecha salida._*28/7*_
Habit. N.º | *102* | N.º Pers. _*2*_

SERVICIOS SOLICITADOS	PRECIOS
Habitación	*7580*
Desayuno	*1460*
Almuerzo o cena	
Pensión Alimenticia	

FIRMA

1 ¿Cuánto cuesta la habitación?
2 ¿Qué número es?
3 ¿Para cuántas noches?
4 ¿Para cuántas personas?
5 ¿Está incluido el desayuno?

B ¿Cómo es el hotel?

ACTIVIDAD 9

Masculino	**Femenino**
¿Cómo es el hotel?	¿Cómo es la habitación?

Es	grande	Es	grande
	bonito		bonita
	moderno		moderna
	cómodo		cómoda

Mira las fotos en la página 53.

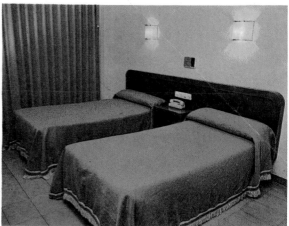

¿Qué hay en el hotel?

Hay piscina
jardín
ascensor
discoteca
bar/restaurante

 *Read the following description of a hotel and then answer
the questions below.*

ACTIVIDAD 10

HOTEL ANDORRA

**La dirección del Hotel, por medio del presente,
tiene el honor de saludarle; a la vez que ponemos
nuestros servicios a su disposición. «Esperamos
ganar su confianza.»**

**78 habitaciones con baño completo
Agua caliente - Calefacción - Hilo musical - Televisión
Nevera - Salón social - Bar - Cafetería
Aire acondicionado - Parque infantil
Restaurante menú económico - Carta - Banquetes**

¿Cómo se llama?
¿Dónde está?
¿Cómo es?
¿Qué hay?

ACTIVIDAD 11

Look at this list of symbols of hotel facilities from a travel brochure. Make sure you know what each one means.

Habitaciones con ducha	Juegos diversos	◄10m. Distancia mar	TV Salón televisión
Habitaciones con baño	Piscina niños	Teléfono	Aire acond. en lugares públicos
200 m. Distancia playa	Juegos niños	Ascensor	Cine o vídeo
Primera línea playa	Calefacción	Bar o cafetería	Discoteca
Céntrico	Restaurante	P Parking	Peluquería
Tiendas	Terraza o balcón	Piscina	Programa de entretenimientos
Solárium	Servicio camareros	Aire acondic.	Deportes acuáticos
Jardín	Autoservicio	Tenis	Baile o sala de fiestas

ACTIVIDAD 12

Estudiante A: *this page*
Estudiante B: *page 228*

Estudiante B: *page 228*

Estudiante A: 1 *Look at the details of Hotel Ariel Park* Estudiante B *will ask you questions in Spanish about its facilities.*

2 *Now ask* Estudiante B *about Hotel Torre Dorada. Use the symbols to help you.*
Ejemplos: ¿Es grande?
¿Es moderno?
¿Hay piscina? etc.

3 *Together decide which hotel you both want to go to.*

HOTEL
ARIEL PARK ★★
RINCON DE LOIX, 12
BENIDORM   5628

NIÑOS GRATIS

PRECIOS POR PERSONA Y DIA	P.C.	Dto. niños 2 a 10 años	Dto. 3.ª pers.	OBSERVACIONES
Mayo y 20-31 octubre	1.990			
Junio	2.375	1.º:		
1-20 julio	3.050	100 %		
21 julio al 24 agosto	3.750		25 %	Recogida transporte: Hotel Sol Dálmatas.
25 agosto al 21 septiembre	3.050	2.º:		
22-30 septiembre	2.950	50 %		
1-19 octubre	2.150			

Imagine you are staying in one of the three hotels below.
Write a postcard from the hotel of your choice to a friend.
Then give the postcards to other groups.
Guess which hotel each person is writing from.

ACTIVIDAD 13

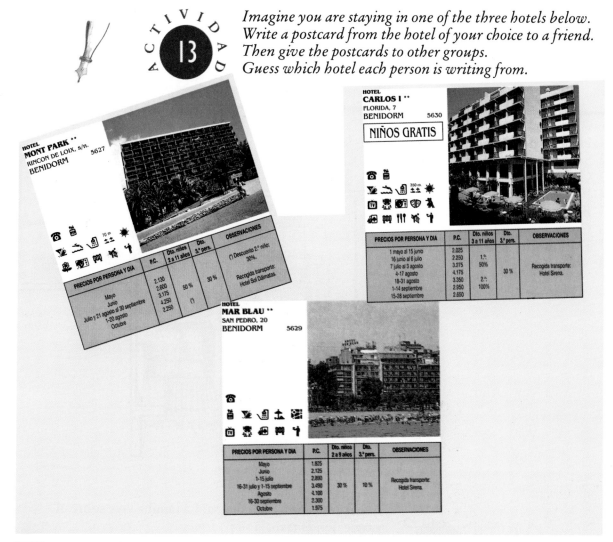

HOTEL
MONT PARK **
RINCON DE LOIX, s/n.   5627
BENIDORM

PRECIOS POR PERSONA Y DIA	P.C.	Dto. niños 2 a 11 años	Dto. 3.ª pers.	OBSERVACIONES
Mayo	2.130			(*) Descuento 2.º niño: 30%.
Junio	2.600	50 %	30 %	
Julio y 21 agosto al 30 septiembre	3.175			Recogida transporte: Hotel Sol Dálmatas.
1-20 agosto	4.250		(*)	
Octubre	2.250			

HOTEL
CARLOS I **
FLORIDA, 7
BENIDORM   5630

NIÑOS GRATIS

PRECIOS POR PERSONA Y DIA	P.C.	Dto. niños 3 a 11 años	Dto. 3.ª pers.	OBSERVACIONES
1 mayo al 15 junio	2.025			
16 junio al 6 julio	2.250	1.º:		
7 julio al 3 agosto	3.275	50%		
4-17 agosto	4.175		30 %	Recogida transporte: Hotel Sirena.
18-31 agosto	3.350	2.º:		
1-14 septiembre	2.950	100%		
15-28 septiembre	2.650			

HOTEL
MAR BLAU **
SAN PEDRO, 20
BENIDORM   5629

PRECIOS POR PERSONA Y DIA	P.C.	Dto. niños 2 a 9 años	Dto. 3.ª pers.	OBSERVACIONES
Mayo	1.825			
Junio	2.125			
1-15 julio	2.890			
16-31 julio y 1-15 septiembre	3.490	30 %	10 %	Recogida transporte: Hotel Sirena.
Agosto	4.100			
16-30 septiembre	2.300			
Octubre	1.975			

C El piso/la casa

¡ A t e n c i ó n !

una casa =   un piso =

Un plano de un piso

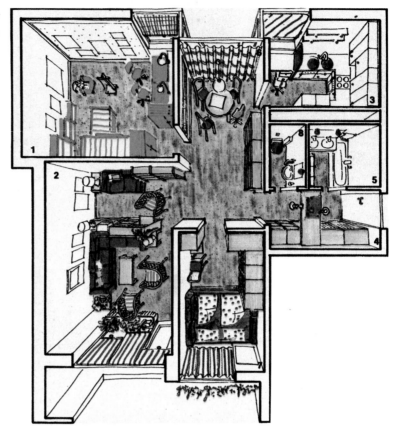

1 Habitación infantil
2 Salón
3 Cocina
4 Pasillo
5 Baño
6 Comedor
7 Dormitorio
8 WC

María Jesús describe su casa. La familia vive sobre el garaje donde trabaja su padre.

Completa (*add the missing information*):

Dormitorios	. . .
. . . . . .	1
Salones	. . .
. . . . . .	2
Cocinas	1

ACTIVIDAD 16

¿En qué piso vives? (*Which floor do you live on?*)
Vivo en el cuarto piso.

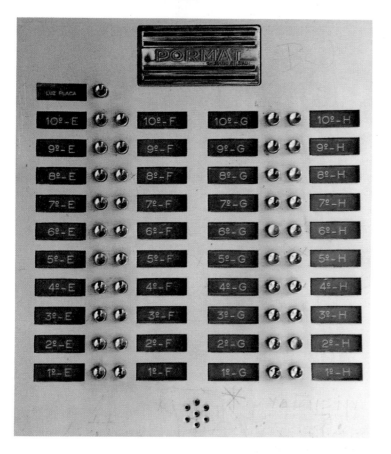

1º primer piso (primero)
2º segundo piso
3º tercer piso (tercero)
4º cuarto piso
5º quinto piso
6º sexto piso
7º séptimo piso
8º octavo piso
9º noveno piso
10º décimo piso

¡Atención!

planta baja = *ground floor*

ACTIVIDAD 17

Cuatro personas en un ascensor (*a lift/elevator*). ¿A qué piso van? (*Which floor is each one going to?*)

1   3
2   4

ACTIVIDAD 18

Estudiante A: *Draw a simple plan of your house or flat.*
Describe tu casa o piso a Estudiante B.
Estudiante B: Escucha la descripción. *Draw Estudiante A's plan.*

Compara.

Change over.

D Juan se cambia de casa

Verbos: **ser/estar** = *to be*

Estudia la diferencia entre estos verbos.

La casa **es** vieja
grande
bonita

La casa **está** sucia
desordenada
vacía
fría

La casa **está** limpia
ordenada
llena (de muebles)
caliente

¡Atención!

ser: La casa es grande (*The state does not change*)

estar: La casa está sucia (*The state can change or has changed*)

Make sentences with es *or* está:

El hotel $\left\{\begin{array}{l}\text{es}\\\text{está}\end{array}\right\}$

grande
lleno
vacío
viejo
sucio
bonito
caro

Look at the advertisements for flats and houses in the newspaper and write out the information in full.

Ejemplo:

> ● **VENDO** piso. Zona Polígono de Levante. 4 dormitorios. Zona tranquila.

¡Atención!

vender = *to sell*
vendo = *I sell*
Se vende = *For Sale*

El piso está en la zona Polígono de Levante. Tiene cuatro dormitorios. Está en una zona tranquila.

Continúa:

> ● **VENDO** piso céntrico, 130 m^2, en C/ Diario de Córdoba. Precio 5.500.000 Ptas. 1.500 Ptas. de comunidad.
>
> **48 95 21**

> ● **SE VENDE** piso zona Santa Rosa, 3 dormitorios, salón grande, cocina, despensa, lavadero y patio. Precio 1.650.000 Ptas.

> ● **VENDO** piso de 3 dormitorios, salón-comedor, c. de baño. Todo exterior. Completamente nuevo. Precio 1.800.000 Ptas. Llamar a partir de 7 tarde.
>
> **41 27 09**

LA FRASE...
«No tengo hogar, tengo casas, casas, casas...» (JULIO IGLESIAS.)

ACTIVIDAD 22

Now write a similar advertisement for your flat/house on the form below.

Cupón DE Anuncio Gratuíto

Los anuncios por palabras de inserción gratuita están reservados para particulares.
Escriba el texto en letras mayúsculas y con claridad. Máximo 25 palabras.
No olvide indicar su número de teléfono.

Texto _____
_____
_____
_____

Teléfono _____ – _____

Envíelo a:

ZARAGOZA: Apdo. de Correos 2.250 - 50080
HUESCA: Apdo. de Correos 287 - 22080
PAMPLONA: Apdo. de Correos 2.155 - 31080
LOGROÑO: Apdo de Correos 24 - 26080

Sección _____

ACTIVIDAD 23

CASAS EN VENTA

ARENYS D'EMPORDA (GERONA):
10 millones

Casa de piedra situada dentro del núcleo urbano. Tiene 500 m² de jardín. Consta de un semisótano para rehabilitar, con volta ampurdanesa, planta baja y un piso. Tiene instalación de agua y de electricidad. Está construida en piedra y la puerta de entrada es de madera. Se encuentra a 19 km de L'Escala y a ocho km de la autopista de Gerona, salida L'Escala. (Teléfono: 93-257 52 04).

GUERNICA (VIZCAYA): **40 millones**

Antigua casa señorial de unos 500 m² habitables. Está situada en el centro de Guernica dentro de una parcela de mil m². En la fachada de piedra tiene un escudo. También tiene dos balcones. (Teléfono: 94-424 73 18).

ALICANTE: **10 millones**

Chalé con dos apartamentos independientes, situado muy cerca del mar. Está rodeado de un bonito jardín. También posee un garaje. En el piso superior las ventanas están protegidas por contraventanas. (Teléfono: 96-525 61 76).

N.º 921/24-7-89

CAMPELLO (ALICANTE):
30 millones

Chalé de 398 m² construidos. Tiene seis dormitorios, baños, aseos, terrazas, estudio y solarium. Consta de dos apartamentos independientes. Las ventanas del piso inferior están protegidas con rejas. (Teléfono: 96-563 36 13).

PLAYA DE SAN JUAN (ALICANTE):
68 millones

Chalé de 250 m² construido dentro de una parcela de 3.710 m². Consta de ocho dormitorios, dos baños, cocina con *office*, salón-comedor, trastero, calefacción. (Teléfono: 96-563 24 78).

MADRIGUERA (SEGOVIA): 30 millones

Cerca de Riaza, casa de pueblo de 200 m² dentro de una parcela de 500 m². Consta de seis dormitorios, salón-comedor con el techo acristalado, cocina, baños y piscina. Está construida en piedra. (Teléfono: 91-259 34 21).

COSTA D'EN BLANES (MALLORCA):

50 millones

Junto al Puerto Portals, chalé a estrenar en un solar de 780 m². Consta de tres dormitorios, dos baños, un aseo, garaje con amplia capacidad y piscina. Las ventanas están protegidas con toldos. (Teléfono: 971-67 58 62).

¡Atención!

La casa más grande	=	*The biggest house*
¿Cuál?	=	*Which?/Which one?*

1 ¿Cuál es la casa más grande?
                          pequeña?
                          cara?
                          barata?
2 ¿Cuál está cerca de la playa?
3 ¿Cuál es la casa noble?
4 ¿Qué casas tienen apartamentos?
                          piscina?
5 ¿Cuál está cerca de la autopista?

ACTIVIDAD 24

Write a description of your house, real or imaginary, for a 'Holiday Home Exchange' magazine.

Tiene . . . . . .   Es . . . . . .
Hay . . . . . .   Está . . . . . .

EN CASA O EN CLASE

ACTIVIDAD 25

Look at the entries on this page and the next page from a Holiday Brochure for guest houses.

VIVIENDAS DE TURISMO RURAL

LOCALIDAD: **ALBERUELA DE LA LIENA**		PROVINCIA: **HUESCA**
TITULAR: RODELLAR BUERA, FCO.		Nº HAB.: 4
DOMICILIO: Santa Orosia, 19		Tfno. 31.80.53
Precios por servicio/día + IVA	TEMPORADA: 1-7/30-9	

HAB. DOBLE: **1200**   COMIDA: **550** PENS. COMPLETA: **1850** DESAYUNO: **200**

LOCALIDAD: **ANSO**		PROVINCIA: **HUESCA**
TITULAR: IPAS ORNAT, ENRIQUE		Nº HAB.: 6
DOMICILIO: Chapitel, 8		Tfno. 37.00.49
Precios por servicio/día + IVA	TEMPORADA: 1-1/31-12	

HAB. DOBLE: **2400/2200** COMIDA: **800** PENS. COMPLETA: DESAYUNO: **400**

LOCALIDAD: **ARDANUE**		PROVINCIA: **HUESCA**
TITULAR: CIERCO ROSO, JOSE		Nº HAB.: 3
DOMICILIO:		
Precios por servicio/día + IVA		TEMPORADA: 1-7/30-9 +3 meses libre
HAB. DOBLE: 1 8 0 0	COMIDA:	PENS. COMPLETA: DESAYUNO: 2 5 0

LOCALIDAD: **BENASQUE**		PROVINCIA: **HUESCA**
TITULAR: GABAS SOLANA, MARCIAL		Nº HAB.: 5
DOMICILIO: El Castillo, 17		Tfno. 55.12.75
Precios por servicio/día + IVA		TEMPORADA: 1-7/30-9 + 3 meses libre
HAB. DOBLE: 1 5 0 0	COMIDA:	PENS. COMPLETA: DESAYUNO: 1 7 5

LOCALIDAD: **BIERGE**		PROVINCIA: **HUESCA**
TITULAR: VIÑUALES, FELIX		Nº HAB.: 5
DOMICILIO: Oriente, s/n		Tfno. 31.81.07
Precios por servicio/día + IVA		TEMPORADA: 1-7/30-9 + 3 meses libre
HAB. DOBLE: 1 6 0 0	COMIDA: 8 0 0 PENS. COMPLETA: 2 2 0 0	DESAYUNO: 2 0 0

LOCALIDAD: **FRAGEN**		PROVINCIA: **HUESCA**
TITULAR: LOPEZ LALAGUNA, ANTONIO		`Nº HAB.: 6
DOMICILIO: Unica, s/n		Tfno. 48.61.69
Precios por servicio/día + IVA		TEMPORADA: 1-7/30-9 + 3 meses libre
HAB. DOBLE: 1 9 0 0	COMIDA:	PENS. COMPLETA: DESAYUNO: 2 0 0

LOCALIDAD: **GISTAIN**		PROVINCIA: **HUESCA**
TITULAR: PALACIN CASTILLO, JOAQUIN		Nº HAB.: 3
DOMICILIO: Moreras, 10		
Precios por servicio/día + IVA		TEMPORADA: 1-7/30-9 + 3 meses libre
HAB. DOBLE: 1 0 0 0	COMIDA:	PENS. COMPLETA: DESAYUNO: 2 0 0

Choose the best house for people with the following details:

1 *A couple, no children, not much money to spend.*
2 *A group of six friends. They need three rooms and only want to eat breakfast in the guest house.*
3 *A family with three grown-up children. Full board.*

ACTIVIDAD 26

La Nueva Casa de José María Cano (cantante de Mecano)

1 *Where is the house?*
2 *What colours predominate?*
3 *How big is the house?*
4 *How many floors?*

LA NUEVA CASA DE JOSE MARIA CANO (MECANO)

JOSE María Cano, uno de los integrantes del grupo musical Mecano, se ha comprado un lujoso chalé a las afueras de Madrid. Anteriormente, junto a su hermano, vivía en el antiguo piso familiar, «pero creo —explica— que a mis veintisiete años me ha llegado el momento de buscar un lugar para vivir solo».

El chalé tiene más de 300 metros repartidos en tres pisos. José María comenta al respecto: «El color que predomina en la casa es el blanco de las paredes y el negro de los radiadores. Como me gustan los contrastes, voy a poner sofás fucsias por todo el salón.»

Pero lo que más le entusiasma

es la decoración de su dormitorio con baño unido al mismo.

«Me pasaré el día entre la bañera y el piano»

Vocabulario para la próxima lección

Los días de la semana: lunes
martes
miércoles
jueves
viernes
El fin de semana: sábado
domingo

Gramática

VERBO: **ser** = *to be*

(Yo)	**soy**	(Nosotros/as)	**somos**
(Tú)	**eres**	(Vosotros/as)	**sois**
(El/Ella/Vd)	**es**	(Ellos/Ellas/Vds)	**son**

Contrast **ser** *and* **estar** *and their use with adjectives of quality:*

permanent states that cannot change take **ser**

La casa **es** grande

temporary states that can change, or are the result of a change, take **estar**

La casa **está** limpia

¿Cómo es?	*What's it like?*
¿Cómo está?	*What does it look like?*
	feel
	taste

But: ¿Dónde **está**? *for places (see Lección 3)*

Vocabulario

Verbos	*Verbs*		
		comprar	*to buy*
estar	*to be (state)*	poder	*to be able*
cambiar	*to change*	puedes ver	*you can see*
cenar	*to have dinner/supper*	trabajar	*to work*
comer	*to eat (to have lunch)*	ver	*to see*
desayunar	*to have breakfast*	vender	*to sell*

El hotel y la casa	*The hotel and the house*
una habitación (individual/doble)	*a (double/single) room*
dormitorio	*bedroom*
salón (m)	*sitting room*
comedor (m)	*dining room*
cocina	*kitchen*
pasillo	*hallway, corridor*
balcón (m)	*balcony*
terraza	*terrace*
noche (f)	*night*
(con) baño	*(with) bathroom*
ducha	*shower*
bañera	*a bath*
carnet (m) de identidad	*identity card*
persona	*person*
pensión completa (f)	*full board*
media pensión	*half board*
desayuno	*breakfast*
comida	*lunch (main meal of the day)*
cena	*dinner, supper*
ascensor (m)	*lift, elevator*
piso	*flat*
apartamento	*apartment*
jardín (m)	*garden*
playa	*beach*
planta baja	*ground floor*
sótano	*basement*

Adjetivos	*Adjectives*
grande	*big*
pequeño/pequeña	*small*
bonito/bonita	*pretty, nice*
moderno/moderna	*modern*
cómodo/cómoda	*comfortable*
incómodo/incómoda	*uncomfortable*
ordenado/ordenada	*tidy*
desordenado/desordenada	*untidy*
limpio/limpia	*clean*
sucio/sucia	*dirty*
lleno/llena	*full*
vacío/vacía	*empty*
frío/fría	*cold*
caliente	*hot*

caro/cara	*expensive*
barato/barata	*cheap*

El tiempo	*Time*
la fecha	*the date*
un año	*a year*
un mes	*a month*
una semana	*a week*
un día	*a day*
una hora	*an hour*
un minuto	*a minute*
un segundo	*a second*

Los meses	*Months*
enero	*January*
febrero	*February*
marzo	*March*
abril	*April*
mayo	*May*
junio	*June*
julio	*July*
agosto	*August*
septiembre	*September*
octubre	*October*
noviembre	*November*
diciembre	*December*
quinto/quinta	*fifth*
sexto/sexta	*sixth*
séptimo/séptima	*seventh*
octavo/octava	*eighth*
noveno/novena	*ninth*

Preguntas	*Questions*
¿Cómo se llama?	*What's it called?*
¿Dónde está?	*Where is it?*
¿Cómo es?	*What's it like?*
¿Qué hay?	*What is there?*
¿Cuál es?	*Which one is it?*
¿Cuánto cuesta?	*How much does it cost?*
¿Cuánto es?	*How much is it?*
cada	*each, every*
programa (m) de actividades	*programme of activities*
para una noche	*for one night*
para una persona	*for one person*

cinco

¿ Q u é   h a c e s ?

> Routines
> The working day
> Time
> Free time
> Describing a person's character
> Describing what people and things are like

A Y tú, ¿trabajas?

Alicia habla de su trabajo.

Rosa ¿Qué haces, Alicia? ¿Trabajas?

Alicia Sí, trabajo en una tienda, es una papelería.

Rosa ¿Y qué horario tienes?

Alicia Trabajo de nueve a una y de cuatro a ocho por la tarde

Rosa Trabajas mucho, ¿no?

Alicia Sí, pero tengo tres horas libres a mediodía para comer

Rosa ¿Vives cerca de la tienda?

Alicia Sí, vivo muy cerca.

Rosa ¿Y vas a casa a mediodía?

Alicia Generalmente, sí. Como en casa a las dos, más o men

Preguntas:

1 ¿Dónde trabaja Alicia?
2 ¿Cuántas horas trabaja?
3 ¿Cuántas horas libres tiene a mediodía?
4 ¿Dónde come?

¡Atención!

trabajar	= *to work*		
-mente	= *-ly*	normalmente =	*normally*
generalmente	= *generally*	finalmente =	*finally*

Verbos regulares (-**ar**, -**er**, -**ir**)

	trabaj**ar**	com**er**	viv**ir**
Yo	trabaj-**o**	com-**o**	viv-**o**
Tú	-**as**	-**es**	-**es**
El/Ella/Usted	-**a**	-**e**	-**e**

Alicia trabaja en una tienda.
Alicia come en casa.
Alicia vive en Zaragoza.

Practica con un compañero.

Verbos: trabajar, vivir, comer, estudiar.

Contesta:

1 ¿Dónde . . . . . . Juan?
. . . . . . con su familia en Madrid.
2 ¿Dónde . . . . . . tú?
. . . . . . en el Instituto Goya.
3 ¿Dónde . . . . . . la familia Nogueras?
. . . . . . en un restaurante.
4 ¿Dónde . . . . . . tú?
. . . . . . en Sevilla.
5 ¿Dónde . . . . . . usted?
. . . . . . en una estación.

Describe tu vida.

Ejemplo: Trabajo en un bar ¿y tú?

Listen to these people answering some questions about their lives. Complete the chart.

	Charo	Luisa	Ana	Tomás
Vive en . . .				
Come en . . .				
Trabaja . . .				
Estudia . . .				
Compra revistas de . . .				
Escucha música de . . .				
Tiene . . . hermanos				

¡Atención!

comprar = *to buy*

What were the questions?

5

Now copy the chart in Actividad 4, but write in the names of three friends.
Ask them the same questions and report back to the class.

B ¿Qué hora es?

6

La hora

¿Qué hora es?

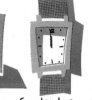

Es la una (en punto)   Son las nueve   Son las doce   Son las dos

04.00   Son las cuatro de la mañana
16.00   Son las cuatro de la tarde
23.00   Son las once de la noche

ACTIVIDAD 7

¿Qué hora es?

| 1 18.00 | 2 15.00 | 3 05.00 | 4 19.00 |
| 5 13.00 | 6 07.00 | 7 23.00 | 8 08.00 |

Ejemplo:

1 Son las seis de la tarde

ACTIVIDAD 8

06.15 Son las seis y cuarto
06.25 Son las seis y veinticinco
06.30 Son las seis y media
06.35 Son las siete menos veinticinco
06.45 Son las siete menos cuarto

¡Atención!

Son las siete menos cuarto
= It's a quarter to seven (literally: seven less a quarter)

¿Qué hora es?

| 1 13.45 | 2 18.30 | 3 23.45 |
| 4 08.10 | 5 17.25 | 6 08.40 |

Ejemplo:

1 Son las dos menos cuarto de la tarde.

ACTIVIDAD 9

Escucha y escribe la hora.

1 14.30
2
3
4
5
6
7
8

ACTIVIDAD 10

Estudiante A: *this page*
Estudiante B: *page 229*

Estudiante A: *Say these times:*

1 03.15 2 06.45 3 19.25 4 15.45 5 09.35
6 12.00

Estudiante B *writes them down.*
Check they're correct.
Now Estudiante B *will tell you some times.*
Write them down.
Check.

C ¿Qué haces cada día?

Dos verbos importantes   Verbos irregulares

Hacer = *to do/to make*   **Ir** = *to go*
(Yo)   **hago**   **voy**
(Tú)   **haces**   **vas**
El/Ella/Usted **hace**   **va**

¡Atención!

a + el = al

Voy al gimnasio = *I'm going to the gymnasium*

¿Cómo es el día de Virginia?

1 Escucha y escribe la hora.
2 Escucha y nota los verbos nuevos.

Verbo: **levantarse** = *to get up (literally: to get oneself up)*
    Me levanto a las siete = *I get up at seven*

Verbo: **salir*** = *to go out, to leave the house*
    Salgo a las ocho = *I go out/leave home at eight*

Verbo: **llegar** = *to arrive*
    Llego a las nueve = *I arrive at nine*

¡A t e n c i ó n !

Hacer deberes	= to do homework
Hago mis deberes	= I do my homework
¿A qué hora haces	= At what time do you
los deberes?	do your homework?
a las nueve	= at nine o'clock

Verbo: **volver*** = *to return*

   Vuelvo a la una y media = *I return at half past one*

Verbo: **acostarse*** = *to go to bed*

   Me acuesto a las once = *I go to bed at eleven*

* *irregular verbs*

Now listen to Charo's day and note the differences with Virginia's day.

A C T I V I D A D **13**

Pregunta (*ask*) a un compañero:

¿Qué haces durante la semana? (lunes, martes, miércoles, jueves, viernes)
¿Y los fines de semana? (sábado y domingo)

A C T I V I D A D **14**

¿Qué haces? ¿Dónde vas los fines de semana?
Put the number of the dialogue under the right photo..

¡A t e n c i ó n !

el lunes voy a clase	= on Mondays I go to classes
el martes a trabajar	= on Tuesdays to work

D ¿Cómo eres?

Estas palabras describen el carácter de una persona.

¡Atención!		
simpático	=	*nice*
un chico simpático	=	*a nice boy (not 'sympathetic')*
sensible	=	*sensitive (not 'sensible')*

Un chico responsable
inteligente
sincero
simpático
trabajador
nervioso
tímido
fuerte
optimista
tranquilo
sensible

Una chica ......

Now complete the list for Una chica. . . .
Make sure the adjectives agree.
Compare lists with your group.

María Teresa describes her two friends, Tomás and Virginia.
As you listen, tick the words she uses from your lists in Actividad 15.
Listen again for pronunciation.

A C T I V I D A D

17

Virginia trabaja como 'au pair' en Inglaterra.
Escribe una carta a su amiga Charo, en España.
Lee la carta.

1 ¿Cómo es la familia?
2 ¿Cómo es el perro?
3 ¿Cómo es su profesor?
4 ¿En qué aspectos es su vida en Inglaterra diferente a su vida en España? (*See* Actividad 12)

Londres 26 de Marzo

Querida Charo:

¿Qué tal estás? Espero que bien. Yo estoy muy bien. Londres es muy bonito y la gente es muy simpática.

La vida es muy diferente aquí, pero me gusta mucho.

Vivo con una familia inglesa; son el padre, la madre, una niña y el perro y trabajo como au-pair. Toda la familia es muy simpática y genero-sa, la niña es muy buena pero el perro es un poco antipático y nervioso. Todos los días voy al parque con la niña y el perro.

Voy a clases de inglés por las tardes a una academia y tengo un profesor excelente. Los horarios son muy diferentes por ejemplo sólo tengo una hora para comer y como a las doce, la cena es muy pronto también a las seis y media. Es un proble-ma para mí, que en España ceno a las diez. Aquí también voy a la cama muy pronto. Las distancias son enormes y no puedo salir todas las tardes como en España, pero salgo los fines de semana con mis amigas y hablo mucho inglés

Escríbeme pronto
Un abrazo:

Virginia

Escribe una carta a tu amigo español.
Describe tu vida en Inglaterra.
¿Es diferente?
(Mira los verbos en Actividad 12)

Lee el 'Astrorretrato' para Ana García Obregón.
¿Cuántos años tiene?
¿Cuándo es su cumpleaños?
¿Cómo es?

ANA GARCIA OBREGON

18-3-1958

Por PISCIS, femenina, romántica, deliciosa. Por ESCORPIO (su ascendente) carismática, complicada, hipnótica, irresistible.

¡Atención!

su = his/her

Now look at the bottom of this page. You will see a paragraph about Ana using the above information. Read the 'Astrorretrato' for Roberto Carlos and write a similar paragraph.

ROBERTO CARLOS

19-4-1941

Como ARIES, apasionado, recio, franco. Como PISCIS (su ascendente), emotivo, sensible, soñador.

Ana García Obregón

Su cumpleaños es el dieciocho de marzo y su signo es Piscis. Es una mujer femenina y romántica. También es carismática, complicada, hipnótica e irresistible.

20 On a piece of loose paper, write a short paragraph about yourself, what you do every day and a short description of your character. Don't write your name on the paper. Mix the papers up with the rest of the class and take another student's paper. Read the description and guess which student has written it. Do several.

E N   C A S A   O   E N   C L A S E

21 24 horas con Corín Tellado

¿Qué hace Corín Tellado a estas horas?

1 07.00
2 09.00
3 13.30
4 14.00
5 15.00

Preguntas:

1 ¿Cómo es?
2 ¿Cómo es su casa?
3 ¿Cómo es su vida?

Es una mujer fuerte y enérgica. Tiene 61 años. Dicen que es la escritora española más leída después de Cervantes. Tiene más de tres mil quinientas novelas traducidas a siete idiomas. Escribe historias de amor.

Vive a cinco kilómetros de Gijón, la capital asturiana. Desde su casa de dos plantas se ve a un lado la ciudad y al otro lado el campo. Tiene una piscina, una pista de tenis, y un jardín muy grande. En el garaje, en una pequeña habitación, tiene todos sus libros.

Corín dice que no es millonaria y que trabaja para vivir. Está separada de su marido. Todo es para sus hijos, Begoña de veintisiete años, periodista, casada, y Txomín, de veintiséis años, que es abogado.

Escribe desde los diecisiete años y no corrige ni repite nada. A veces escribe una novela en menos de una semana. Se levanta a las siete de la mañana y no desayuna. Trabaja toda la mañana y toma un café a las nueve. A la una y media su nieto Julio llega a casa del colegio y juega con él. A las dos llega su hija y a las tres comen. Generalmente come en casa pero hoy va a un restaurante.

No trabaja después de comer. Por la tarde hace unas compras o da un paseo. Después trabaja en su jardín.

Por la noche, cena muy poco y después de cenar, lee. Prefiere la buena literatura.

¿Sí o no? (*If you put* no *correct the sentence*)

1 Vive en la ciudad.
2 Tiene dos hijos.
3 Normalmente come en casa.
4 Vive sola.
5 Escribe por la noche.
6 Sus libros son muy populares.

¿Qué significan estos números en el artículo?

1 3.500　2 61　3 5　4 27　5 7

What else can you say about her family, her work and her house?

Vocabulario para la próxima lección

Los colores

AZUL

ROJO

AMARILLO

ROSA

BLANCO

VERDE

MARINO

Gramática

VERBOS REGULARES: -ar, -er, -ir   *(see page 249)*

trabajar/comprar/tomar/terminar/cenar

Yo	**trabajo**	Nosotros/as	**trabajamos**
Tu	**trabajas**	Vosotros/as	**trabajáis**
El/Ella/Usted	**trabaja**	Ellos/Ellas/Ustedes	**trabajan**

comer/leer

como	comemos
comes	coméis
come	comen

vivir/escribir

vivo	vivimos
vives	vivís
vive	viven

DOS VERBOS IRREGULARES: **hacer, ir**   *(see page 251)*

hago	hacemos
haces	hacéis
hace	hacen
voy	vamos
vas	vais
va	van

For more irregular verbs see the Grammar Section on page 250.

VERBOS REFLEXIVOS: **levantarse** = *to get up (literally: to get oneself up)*

(Yo)	**me levanto**	(Nosotros/as)	**nos levantamos**
(Tú)	**te levantas**	(Vosotros/as)	**os levantáis**
(El/Ella/Usted)	**se levanta**	(Ellos/Ellas/Ustedes)	**se levantan**

WORD ORDER OF ADJECTIVES:

un hombre simpático
una chica joven

ADJETIVOS:

M	F
simpático	simpática
paciente	paciente
trabajador	trabajadora
optimista	optimista

TIME:

Es la una (de la tarde)
Son las ocho (de la mañana)
Son las nueve y cuarto
Son las nueve **menos** cuarto

a las ocho = *at eight o'clock*
Voy a clase a las ocho = *I go to class at eight o'clock*

Vocabulario

Verbos	*Verbs*
acostarse	*to go to bed*
escuchar	*to listen to*
estudiar	*to study*
hablar	*to speak*
hacer	*to do*
levantarse	*to get up*
llegar	*to arrive*
salir	*to leave home, to go out*
volver	*to return*

Descripciones	*Descriptions*
un chico	*a boy*
una chica	*a girl*
fuerte	*strong*
inteligente	*intelligent*
nervioso/nerviosa	*nervous, excitable*
optimista	*optimistic*
responsable	*responsible*
sensible	*sensitive*
simpático/simpática	*nice, pleasant*
sincero/sincera	*sincere*
tímido/tímida	*shy*
trabajador/trabajadora	*hardworking*
tranquilo/tranquila	*calm*

Profesiones	*Jobs*
escritor/escritora	*writer, author*

periodista (m/f)	*journalist*
abogado/a	*lawyer*
trabajo	*work*
deberes (m)	*homework*
tienda	*shop*
papelería	*stationer's*
horario	*timetable, work programme*
el fin de semana	*the weekend*
la mañana	*the morning*
el mediodía	*midday*
la tarde	*the afternoon*
aspecto	*aspect*
el campo	*the countryside*
una carta	*a letter*
cumpleaños (m)	*birthday*
gimnasia	*gymnastics*
gimnasio	*gymnasium*
historia	*story*
idioma (m)	*language*
música	*music*
un perro	*a dog*
revista	*magazine*
libre	*free*
un día libre	*a day off*
desde	*from*
desde la casa	*from the house*

s e i s

¿ A l g o   m á s ?

> *Shopping*
> *Types of shops/types of produce*
> *Weight/quantity*
> *Asking and saying how much*
> *Clothes: describing and buying*
> *Describing a person's appearance*

A De compras

ACTIVIDAD **I**

Make a list in Spanish of the products in this picture.

ACTIVIDAD 2

En la tienda:

¿Qué compra?
¿Cuánto compra?
¿Cuánto es?
¿Qué compra que no está en tu lista?

> **¡Atención!**
>
> **Deme** = *Give me (formal)*
> **Deme un kilo de naranjas** = *(Could you)*
> *give me a kilo of oranges*

Cliente	Buenos días. Deme una botella de aceite, por favor.
Dependienta	¿De litro?
Cliente	Sí, de litro.
Dependienta	¿Algo más?
Cliente	Sí. Cien gramos de jamón y media docena de huevos.
Dependienta	Vale. ¿Alguna cosa más?
Cliente	No. Nada más. ¿Cuánto es?
Dependienta	Son novecientas pesetas.

ACTIVIDAD 3

Las tiendas de comida

What can you buy where? Match the columns.

Las tiendas	**La comida**
1 La verdulería	a Los pasteles
2 La carnicería	b El pescado
3 La panadería	c La verdura
4 La pescadería	d El pan
5 La frutería	e La carne
6 La pastelería	f La fruta

Ejemplo: 1c

Group the following products under the correct heading.

verdura	fruta	pescado	carne
naranjas	cordero	manzanas	salchichas
patatas	tomates	lomo	cebollas
bacalao	merluza	coliflor	peras
pollo	sardinas	plátanos	trucha

How many can you do? Now listen to the recording and see if you were right.

A C T I V I D A D **4**

¡Atención!

el pollo   los pollos
la manzana   las manzanas

el, la, los, las = *the*

A C T I V I D A D **5**

1 Peso

un kilo de (plátanos)
medio (kilo) de . . .
cuarto (kilo) de . . .
cien gramos de . . .

2 Líquido

un litro de (aceite)
medio litro de (vinagre)

ACTIVIDAD 6

What quantity of these things would you buy?
Link column A with column B

	A		B
1	100 gramos		**a** leche
2	¼ kilo		**b** plátanos
3	½ kilo	de	**c** queso
4	1 litro		**d** jamón
5	1 kilo		**e** zanahorias

¡Atención!

Singular
Masculino	Femenino
¿Cuánto?	¿Cuánta?

Plural
Masculino	Femenino
¿Cuántos?	¿Cuántas?

Ejemplo:
Masculino	Femenino
¿Cuánto vino?	¿Cuánta leche?
¿Cuántos huevos?	¿Cuántas patatas?

Now listen to the tape. Were you right?

ACTIVIDAD 7

Choose five items from the list in Actividad 4 *and make a shopping list, including the quantities of the five items you want to buy. Work with a partner:*

A: Un kilo de zanahorias por favor.
B: (*Write down the name of the produce and the quantity*)
　　¿Algo más?
A: Sí, un litro de . . . etc.

When you finish, compare your lists and change over.

ACTIVIDAD 8

First link the columns:

una lata		mermelada
media docena		patatas fritas
una caja	de	olivas
un bote		galletas
un paquete		huevos

Were you right? Look at the picture at the beginning of the unit on page 79.

¿Cuántas latas hay?
¿Cuántas botellas?
¿Cuántos botes?
¿Cuántos paquetes?
¿Cuántas cajas?

B ¿Cuánto es?

Los números

Escucha

100	cien
120	ciento veinte
145	ciento cuarenta y cinco
200	doscientos/as
300	trescientos/as
400	cuatrocientos/as
500	quinientos/as
610	seiscientos/as diez
700	setecientos/as
888	ochocientos/as ochenta y ocho
900	novecientos/as
1000	mil
1200	mil doscientos/as

ACTIVIDAD 9

¡Atención!

trescientos litros
trescientas pesetas

Escucha el anuncio (*advertisement*).
Completa la lista (*some of the prices and some of the items are missing*):

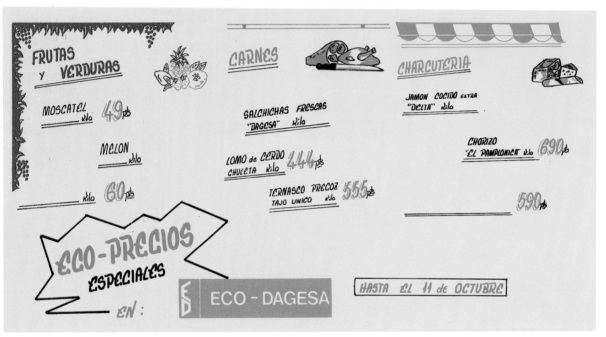

FRUTAS Y VERDURAS

MOSCATEL kilo 49 pts

MELON _____ kilo

_____ kilo 60 pts

ECO-PRECIOS
ESPECIALES
EN: ECO - DAGESA

CARNES

SALCHICHAS FRESCAS "DAGESA" kilo

LOMO de CERDO CHULETA kilo 444 pts

TERNASCO PRECOZ TAJO UNICO kilo 555 pts

CHARCUTERIA

JAMON COCIDO EXTRA "DELTA" kilo

CHORIZO "EL PAMPLONICA" kilo 690 pts

590 pts

HASTA EL 11 de OCTUBRE

La lista y la cuenta:

Estudiante A: *these two pages*
Estudiante B: *page 229*

1 **Estudiante A:** Tú tienes la cuenta. Estudiante B tiene la lista de compras.

Ejemplo:

B: ¿Cuánto vale el pan?
A: El pan vale ciento veinte pesetas.
B: ¿Cuánto valen las naranjas?
A: Valen tres cientas pesetas.

¡Atención!

¿Cuánto vale? = *How much is that?*
¿Cuánto vale la leche? = *How much is the milk?*
¿Cuánto valen las patatas? = *How much are the potatoes?*

valer = *(literally) to be worth*

Estudiante B escribe los precios en la lista. Compara la lista y la cuenta.

```
64704919   3  0583  1488132     29ABR88
                                     36
                          1         411
   10 CARNES EMPA         1         283
   10 CARNES EMPA         1         791
    9 CARNES PESO         1         675
    8 FIAMBRES            1         813
    6 PESCADERIA          1         427
    7 QUESOS              1         212
   10 CARNES EMPA         1         225
    5 FRUTERIA            1         325
  005 M. ESP. VERDE       1         150
  005 PIÑA PIEZA          1         135
    5 FRUTERIA            1         380
  005 CEBOLLETAS          2         410
  005 PATATA NUEVA        1         126
  005 NARANJAS 4KG.       1          62
  001 LENTEJAS            2          60
  002 PAN CINTA           2         276
  002 BARRA PAN           1        5797
    5 FRUTERIA      TOTAL COMPRA



64704919   9  0583  1488132     29ABR88

      1 4 6 9 5 0 0 1 1 1

           TOTAL COMPRA    5797

                           5797
      CARGO EN CTA

   5797
       MUCHAS GRACIAS POR SU VISITA
```

2 Estudiante A: Tú tienes la lista. Estudiante B tiene la cuenta

| PESCADO 8.478 | FRUTAS FRESCAS 9.738 | LECHE Y DERIVADOS 15.811 | CARNE 31.735 | TOTAL 114.575 |

ACTIVIDAD 12

PATATAS Y HORTALIZAS 8.364

PAN 7.218

ACEITE 5.843

HUEVOS 3.437

RESTO ALIMENTOS 15.015

LO QUE COMEMOS
(PESETAS POR CIUDADANO AL AÑO)

L a carne es el producto en el que más se gasta, casi treinta mil pesetas al año por persona

B arcelona es la capital española en la que se gasta más dinero en la alimentación

C ada año aumenta el consumo de frutas, leche y pescado, mientras disminuye el de pan y azúcar

Lo que comemos

Cada ciudadano de este país gasta en productos alimenticios más de 114.000 pesetas al año. En conjunto, la población española gasta al año en alimentación más de cuatro billones de pesetas.

El gasto en alimentación varía por regiones. Los ciudadanos que más se gastan en comer son, en general, los que residen en el noroeste y el noreste del país.

El mayor gasto corresponde a la carne; cada español come 57 kilos de carne al año. El consumo per cápita de leche está actualmente en 121 litros. Compramos al año 16 kilos de productos lácteos, como yogur, ▷

aunque comemos muy poca mantequilla y menos queso que en el resto de Europa.

Las frutas son el tercer producto en orden de importancia. Cada español come al año 103 kilos de frutas frescas – de los que 30 kilos corresponden sólo a naranjas.

España es el tercer país de Europa por consumo de pescado, detrás de Dinamarca e Irlanda.

En general, se consume mucha más fruta y verdura que en el resto de Europa.

1 ¿Qué significan estos números?
   57   121   16   3º (tercero)   103   30
2 ¿Dónde compran más comida en España?
3 Escribe una lista de los productos mencionados en el artículo (en orden).
4 Los españoles son diferentes del resto de Europa. ¿En qué?

C Más tiendas

ACTIVIDAD 13

¿Qué puedes comprar en estas tiendas? (*Follow the lines to find out.*)

una farmacia

una papelería

un estanco

una droguería

artículos de limpieza

sellos

artículos para la oficina

medicinas

ACTIVIDAD 14

Vocabulario

camisa
corbata
chaqueta
blusa
jersey
abrigo
falda
pantalón
zapatos

¡Atención!

un vestido rojo
       verde
       azul
una falda roja
       verde
       azul

¿De qué color es? = *What colour is it?*

ACTIVIDAD 15

En una tienda de ropa

Tres diálogos. Completa los detalles:

	Artículo	Color	Talla	Precio	Sí o No
Tienda 1					
Tienda 2					
Tienda 3					

¡Atención!

talla = *size*   caro = *expensive*
A ¿Qué talla?   barato = *cheap*
B Media/La 44

número = *size* (zapatos)
A ¿Qué número?
B El 42

¡Atención!

Singular	Masculino	Femenino	
	este (jersey)	esta (camisa)	*this*

Plural

Masculino	Femenino	
estos (zapatos)	estas (chaquetas)	*these*

* If you don't know the name of the item
or do not wish to name it, say Quiero esto.

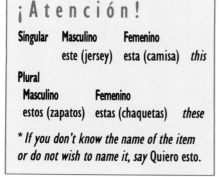

16

17

18

Choose from the items in Actividad *14.*

Ejemplo:
A: Quiero este abrigo.
B: Sí. ¿Qué talla?
A: La 42.
B: ¿En este color?
A: No. En azul, por favor.

Continúa.

¿Qué lleva?

Verbo: **llevar** = *to wear, to carry*

¿Qué lleva? = *What is he/she wearing?*
Lleva pantalón (negro) = *He/She is wearing (black) trousers*

1 **Estudiante A:** *Describe one of the four boys in the picture to* Estudiante B. *Don't say which one.*
   Estudiante B: *Which one is* Estudiante A *describing?*

2 Estudiante B: *Describe one of the four girls in the picture to* Estudiante A. *Don't say which one.*

Estudiante A: *Which one is* Estudiante B *describing?*

Now choose one more each and describe him/her to your partner.

Choose a partner. Look at what he/she is wearing. Sit back to back.

A: Llevas un jersey.
B: ¿De qué color es?
A: Negro.
B: Sí

Continúa.

D ¿Cómo es físicamente?

ACTIVIDAD 20

rubia

moreno

-delgada

gordó

La chica es alta

El chico es bajo

alto	delgado	moreno
alta	delgada	morena
bajo	gordo	rubio
baja	gorda	rubia

ACTIVIDAD 21

Now describe someone in the class.
(¿Cómo es? ¿Qué lleva?)
Don't say who it is. The other students have to guess.

ACTIVIDAD 22

Find a picture of a model or a person from a magazine (or ask your teacher).
With a partner, write a description of the person on a separate paper.
Mix up the pictures and the descriptions of all the class.
In pairs, can you put them together again?

E ¿A qué hora abre?

ACTIVIDAD 23

HORARIO
Lunes a Sabado:
Mañana: de 10,30 a 13,30h.
Tarde: de 17,00 a 20,00h.

Domingos y Festivos:
Mañana: de 10,30 a 14,00h.
Tarde: Cerrado

¡Atención!

Verbos irregulares

-e- ⟶ -ie-
(*as in* cerrar ⟶ cierra)

cerrar:	cierro	empezar:	empiezo
	cierras		empiezas
	cierra		empieza
	cerramos		empezamos
	cerráis		empezáis
	cierran		empiezan

Cuatro verbos nuevos

abrir	*to open*
cerrar	*to close*
empezar	*to start*
terminar	*to finish*

¿A qué hora abre la tienda?
¿A qué hora cierra la tienda?
La tienda abre a las nueve de la mañana y cierra a la una.

¡Atención!

abierto = *open*
cerrado = *closed*

¿A qué hora empieza la película?
¿A qué hora termina la película?
La película empieza a las cuatro y termina a las seis.

EN CASA O EN CLASE

El Horario Español

En España el horario comercial en la mayoría de las ciudades es de las nueve o nueve y media a la una o una y media, y de las cuatro y media hasta las ocho u ocho y media. Las tiendas cierran a mediodía para comer. En algunas zonas este horario varía un poco. Por ejemplo en verano en muchas partes de España, las tiendas no abren hasta las cinco de la tarde por el calor, pero en las zonas turísticas, muchas no cierran hasta las 10 o las 11 de la noche.

Muchos de los grandes almacenes en las ciudades abren todo el día y no cierran a mediodía.

Los cines abren a las cuatro o las cinco y tienen tres o cuatro sesiones. La última sesión es de once a una generalmente.

Los partidos de fútbol se juegan los domingos normalmente y empiezan a las cuatro o las cinco de la tarde.

La vida nocturna es muy intensa, por eso muchos bares y discotecas cierran muy tarde, a las tres o las cuatro de la mañana. ¡Algunas no cierran en toda la noche!

¿Sí o no?

1 Las tiendas en España abren en el invierno de 9 a 1 y de 4 a 8.
2 En el verano muchas cierran a las 5 de la tarde por el calor.
3 Los grandes almacenes están abiertos a mediodía.
4 Los cines abren a mediodía en el invierno.
5 Los partidos de fútbol se juegan los domingos normalmente.
6 Muchas discotecas abren a las 3 o las 4 de la tarde.

Compara el horario de tu país.
Escribe un párrafo similar.

Vocabulario en casa   En un supermercado o un gran almacén

Gramática

AGREEMENT:

¿Cuánto jamón? (m sing)
¿Cuánta leche? (f sing) } *How much ......?*

¿Cuántos huevos? (m plural)
¿Cuántas manzanas? (f plural) } *How many ...... s?*

Este paquete
Esta lata } *This ......*

Estos huevos
Estas manzanas } *These ...... s*

VERBO: **valer** = *(literally) to be worth*

¿Cuánto **vale**?   *How much (is this)?*
¿Cuánto **valen**?   *How much (are these)?*

VERBO: **llevar** = *to wear, to carry, to take*

Lleva pantalones = *He/She is wearing trousers*

VERBOS: **cerrar**   *to close*
           empezar *to start*

Look what happens to the e

cierro, cierras, cierra, cerramos, cerráis, cierran
empiezo, empiezas, empieza, empezamos, empezáis, empiezan

VERBO: **salir** = *to go out, to leave the house*

      salgo = *I go out*

VERBO: **volver** = *to return, to come/go back*

vuelvo, vuelves, vuelve, volvemos, volvéis, vuelven

Vocabulario

Verbos	*Verbs*
abrir	*to open*
cerrar	*to close*
dar	*to give*
empezar	*to start, to begin*
gastar	*to spend*
llevar	*to wear, to carry*
terminar	*to finish, to end*
valer	*to be worth*
(¿Cuánto vale?)	*(How much is it?)*

Peso y cantidad	*Weight and quantity*
gramo	*gram*
kilo	*kilogram*
litro	*litre*
medio-litro	*half a litre*
bote (m)	*jar*
botella	*bottle*
caja	*box*
lata	*can, tin*

paquete (m)	*packet*

Tiendas	*Shops*
carnicería	*butcher's*
droguería	*hardware shop*
estanco	*kiosk (tobacco, stamps etc)*
farmacia	*chemist*
frutería	*fruit and vegetables*
hipermercado	*hypermarket*
panadería	*baker's*
pastelería	*cake shop*
pescadería	*fishmonger's*
supermercado	*supermarket*
verdulería	*greengrocer's*

Verdura	*Vegetables*
cebollas	*onions*
coliflor (f)	*cauliflower*
tomates (m)	*tomatoes*
zanahorias	*carrots*

Fruta — *Fruit*

manzanas — *apples*
naranjas — *oranges*
peras — *pears*
plátanos — *bananas*

Carne y pescado — *Meat and fish*

bacalao — *cod*
cordero — *lamb*
lomo — *pork*
merluza — *hake*
pollo — *chicken*
sardina — *sardine*
trucha — *trout*

Más productos — *More products*

aceite (m) — *oil*
artículos de limpieza — *cleaning products*
galletas — *biscuits*
leche (f) — *milk*
mantequilla — *butter*
medicina — *medicine*
mermelada — *marmalade*
pan (m) — *bread*
pastel (m) — *cake*
sello — *stamp*
vinagre (m) — *vinegar*

Ropa — *Clothing*

abrigo — *overcoat*
blusa — *blouse*
camisa — *shirt*
chaqueta — *jacket*
corbata — *tie*
falda — *skirt*
jersey (m) — *sweater*
pantalón (m) — *trousers*
vestido — *dress*

zapatos — *shoes*
talla — *size (clothing)*
número — *size (shoes)*

Colores — *Colours*

amarillo/amarilla — *yellow*
azul — *blue*
blanco/blanca — *white*
negro/negra — *black*
rojo/roja — *red*
verde — *green*

Las estaciones — *The seasons*

invierno — *winter*
otoño — *autumn*
primavera — *spring*
verano — *summer*

Descripciones — *Descriptions*

alto/alta — *tall*
bajo/baja — *short*
delgado/delgada — *thin*
gordo/gorda — *fat*
moreno/morena — *dark*
rubio/rubia — *blonde, fair*

ciudadanos — *citizens*
población (f) — *population*
fresco/fresca — *fresh*

Preguntas — *Questions*

¿A qué hora (empieza)? — *What time (does it start?)*

Expresiones útiles — *Useful expressions*

Deme — *Can I have . . . ? (Literally: Give me)*

siete

R e p a s o

A Así somos

 ACTIVIDAD 1

María Jesús (Chus) habla de su vida, su familia y sus amigos.

Antes de escuchar (*before you listen*): con un compañero, inventa preguntas para María Jesús.

Ejemplo: ¿Cuántos hermanos tienes?

Escucha. Compara tus preguntas. ¿Hay más preguntas? Contesta a las preguntas.

¡Atención!

casado/casada	=	*married*
soltero/soltera	=	*single*
divorciado/ divorciada	=	*divorced*
viudo/viuda	=	*widower/widow*

 ACTIVIDAD 2

1 Vocabulario de la familia

abuelo	*grandfather*
abuela	*grandmother*
nieto	*grandson*
nieta	*granddaughter*
tío	*uncle*
tía	*aunt*
sobrino	*nephew*
sobrina	*niece*
primo/a	*cousin*
novio	*boyfriend (fiancé)*
novia	*girlfriend (fiancée)*

2 Plural verbo: **ser**

(Nostros/as) **somos**
(Vosotros/as) **sois**
(Ellos/Ellas/Vds) **son**

Ejemplo:

Somos hermanos	*We are brothers*
¿Sois primos?	*Are you cousins?*
Son hijos del señor García	*They are Sr García's children*

ACTIVIDAD 3

1 El hermano de tu madre es tu **tío**.

Continúa:

2 La hija de tu hermano es tu . . . .
3 El padre de tu padre es tu . . . .
4 La hija de tu madre es tu . . . .
5 La hermana de tu padre es tu . . . .
6 El hijo de tu tía es tu . . . .
7 El nieto de tu madre es tu . . . .

ACTIVIDAD 4

Trae (*bring*) fotos de tu familia.
Mezcla (*mix*) las fotos en una mesa con las fotos de tus compañeros.
Identifica a las familias de tus compañeros.

Ejemplo:

A: ¿Eres tú?
B: Sí, soy yo.
A: ¿Son tus padres?
B: Esta es mi madre, pero éste es mi tío.
A: ¿Cómo se llama tu tío?
B: Se llama Jorge
A: ¿De dónde es?
B: Es de Sevilla, pero vive en Italia.
A: ¿Está casado?

etc.

Así somos los españoles

¿Cuántos rubios y rubias hay en España? ¿Cuántos morenos y morenas? ¿Cuántos canosos y canosas?

Estos son los resultados de una encuesta de 1,500 personas de ambos sexos, contactadas en 68 municipios de todas las zonas del país. En primer lugar, hay un claro predominio de los tonos oscuros, y una buena proporción de canosos, lo que indica una proporción muy alta de gente de la tercera edad entre la problación española.

Aparentemente, hay bastantes más mujeres que hombres con el pelo rubio (10.4% y 3.5% respectivamente). Pero el pelo rubio de muchas mujeres es artificial.

Cataluña y el Norte, en general, son las zonas con mayor proporción de rubios del país. Los canosos abundan más entre los hombres (33.7%) que entre las mujeres (24.8%)

¡Atención!

(pelo) castaño	brown (hair)
oscuro	dark
claro	fair
pelirrojo	red (hair)
canoso	grey/white (hair)
porcentaje	percentage
10 por ciento	10 per cent

Color del pelo		Sexo		Edad		
	Total	Hombre	Mujer	18-35	36-55	56 y más
Negro	31,6	36,2	27,0	47,0	33,7	11,3
Castaño oscuro	18,4	17,7	19,2	23,4	23,7	6,3
Castaño claro	11,6	7,4	15,8	15,0	14,6	4,0
Rubio	6,9	3,5	10,4	11,3	7,3	1,3
Pelirrojo	1,9	1,1	2,7	1,2	2,6	1,8
Blanco canoso	29,3	33,7	24,8	1,4	17,4	75,7
No contestan	0,7	1,1	0,4	1,4	0,7	

¿Sí o no?

1 La encuesta está realizada en el Norte de España.
2 Muchas rubias no son rubias naturales.
3 Entre los jóvenes españoles predomina el pelo negro.
4 En el centro de España hay más rubios.
5 Hay mucha gente mayor (*old people*) con pelo negro.

1 Escribe tu nombre.
Escribe tres o cuatro cualidades (*qualities*) y/o defectos que describen tu carácter.
Busca la primera letra de tu nombre.
¿Qué cualidades y defectos tienes? ¿Son diferentes?

Su carácter

Las personas son:

A inteligentes y creativas

B afectivas y prácticas

C joviales e impacientes

D fuertes y responsables

E comunicativas y sociables

F responsables y compasivas

G sensibles y místicas

H creadoras y ejecutivas

I obstinadas y trabajadoras

J fuertes y ambiciosas

K idealistas e intuitivas

L activas y generosas

M familiares

N imaginativas y artísticas

O pacientes

P sociables y dominantes

Q inteligentes y egoístas

R tolerantes y humanitarias

S fuertes y atractivas

T positivas

U atractivas y nerviosas

V simpáticas y firmes

W perseverantes y persistentes

X sensuales y seductoras

Y libres y artísticas

Z armoniosas y altruistas

Su futuro y su carácter, en la primera letra de su nombre

La primera letra del nombre y la fecha y la hora de nacimiento tienen una repercusión importante en la forma de ser y en el destino de cada persona, y a través de ellas podemos llegar a conocer cómo somos nosotros y cómo son nuestros amigos.

¡Atención!

y = *and*
(*But before words beginning with i use e.*
Ejemplo: joviales e impacientes)

2 Escribe tu nombre ideal.
¿Cuál es la primera letra?
Estudia las descripciones de carácter de la primera letra
de tu nombre ideal.
¿Son similares?

3 Escribe una lista de cinco cualidades importantes de
una persona.
Busca (*find*) a un compañero con una lista similar.

4 Estudia todos los adjetivos en el texto.
¿Cuántos reconoces? (*How many do you recognise?*)

Completa:

ACTIVIDAD 7

La familia Domínguez

María Asunción Domínguez . . . de Belchite, en . . .
provincia de Zaragoza. . . . . . . treinta y cinco años y vive
. . . un pueblo cerca . . . Barcelona. . . . . . . casada y . . . . . .
dos niñas de seis años y dos años de edad. . . . bastante
alta, delgada . . . morena. . . . . . . ojos azules. . . .
profesora de español. Tiene un hermano que se . . . . . .
José Luis, de treinta y un años. El . . . profesor de español
también. Vive y trabaja en Zaragoza, en . . . universidad.
. . . alto, muy delgado, moreno y . . . . . . ojos verdes.

Sus padres . . . . Miguel y Alicia, y viven en
Zaragoza también. Su padre . . . . . . una pequeña empresa
de construcción y su madre . . . ama de casa. Miguel . . .
gordo y moreno. Alicia . . . morena y baja. Los dos . . .
muy simpáticos.

¡Atención!

bastante = *quite*
bastante alta = *quite tall*
también = *also/as well*
una empresa = *a business*

Contesta:

¿Quién . . .

1 es delgado?
2 es morena y baja?
3 es profesor de español?
4 vive en un pueblo?
5 tiene ojos verdes?

6 es delgada?
7 está casada?
8 trabaja en casa?
9 tiene dos hijos?
10 tiene una hermana?

B Así vivimos

María Jesús habla de su trabajo

Escucha y comprueba (*check*):

1 ¿Cuál es su profesión?
2 ¿Qué hace en su trabajo?
3 ¿Qué horarios tiene?
4 ¿Qué opinión tiene de su trabajo?

¡Atención!

Primavera   Verano   Otoño   Invierno

Quieres trabajar en España
a como secretario/a
b en un hotel
c como ingeniero mecánico
d con ordenadores

Estudia los anuncios y escribe las direcciones en los sobres:

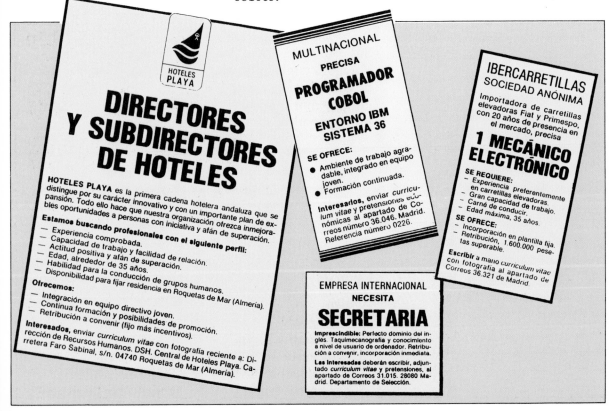

HOTELES PLAYA

DIRECTORES Y SUBDIRECTORES DE HOTELES

HOTELES PLAYA es la primera cadena hotelera andaluza que se distingue por su carácter innovativo y con un importante plan de expansión. Todo ello hace que nuestra organización ofrezca inmejorables oportunidades a personas con iniciativa y afán de superación.

Estamos buscando profesionales con el siguiente perfil:
– Experiencia comprobada.
– Capacidad de trabajo y facilidad de relación.
– Actitud positiva y afán de superación.
– Edad, alrededor de 35 años.
– Habilidad para la conducción de grupos humanos.
– Disponibilidad para fijar residencia en Roquetas de Mar (Almería).

Ofrecemos:
– Integración en equipo directivo joven.
– Continua formación y posibilidades de promoción.
– Retribución a convenir (fijo más incentivos).

Interesados, enviar *curriculum vitae* con fotografía reciente a: Dirección de Recursos Humanos. DSH. Central de Hoteles Playa. Carretera Faro Sabinal, s/n. 04740 Roquetas de Mar (Almería).

MULTINACIONAL
PRECISA

PROGRAMADOR COBOL

ENTORNO IBM SISTEMA 36

SE OFRECE:
● Ambiente de trabajo agradable, integrado en equipo joven.
● Formación continuada.

Interesados, enviar *curriculum vitae* y pretensiones económicas al apartado de Correos número 36.046. Madrid. Referencia número 0226.

IBERCARRETILLAS
SOCIEDAD ANÓNIMA

Importadora de carretillas elevadoras Fiat y Primespo, con 20 años de presencia en el mercado, precisa

1 MECÁNICO ELECTRÓNICO

SE REQUIERE:
– Experiencia preferentemente en carretillas elevadoras.
– Gran capacidad de trabajo.
– Carné de conducir.
– Edad máxima, 35 años.

SE OFRECE:
– Incorporación en plantilla fija.
– Retribución, 1.600.000 pesetas superable.

Escribir a mano *curriculum vitae* con fotografía al apartado de Correos 36.321 de Madrid.

EMPRESA INTERNACIONAL
NECESITA

SECRETARIA

Imprescindible: Perfecto dominio del inglés. Taquimecanografía y conocimiento a nivel de usuario de ordenador. Retribución a convenir, incorporación inmediata.

Las interesadas deberán escribir, adjuntado *curriculum vitae* y pretensiones, al apartado de Correos 31.015. 28080 Madrid. Departamento de Selección.

Escuela de Músicos Prodigio

Lee la introducción del artículo sobre la escuela.

La fundación Yehudi Menuhin

ESCUELA DE MÚSICOS PRODIGIO

En las proximidades de Londres, en el condado de Surrey, 48 niños de edades comprendidas entre los 8 y los 14 años, viven intensamente dedicados a la música. Su talento de niños prodigio les ha abierto las puertas de la fundación Yehudi Menuhin, creada en 1963 por el violinista judío para explotar al máximo las facultades de los niños que apuntan un gran futuro en el terreno de la interpretación musical.

¿Qué hacen los niños en un día típico? ¿Qué opinas?

Pon las actividades en orden:

comida	desayuno	concierto
práctica	clase	juegos
cena	limpieza	trabajo en el jardín

Ejemplo:

Por la mañana   **Por la tarde**   **Por la noche**
desayuno

¡Atención!

| por la mañana | = | *in the morning* |
| a las 8 de la mañana | = | *at 8 o'clock in the morning* |

◄ Lee el artículo.
Comprueba (*check*). *Give yourself a mark out of ten.*
Were you right?

Los alumnos empiezan la jornada temprano. A las 6.30 tienen práctica. Luego desayunan. Hacen la limpieza de sus habitaciones y ayudan en los trabajos del jardín. A las 8.30 hay una asamblea. Se lee algo, no necesariamente religioso, y se medita en silencio cinco minutos. El silencio es muy importante. Para un músico es quizá más importante que para los demás. Los niños aprenden a estar silenciosos dentro de estas sesiones de silencio. Luego van las clases unas detrás de otras. Alternando la música y las materias académicas propias de la edad. Comen a la una de la tarde. Juegan un rato. Luego practican. Cenan. Se reúne la orquesta y ejecutan algún concierto.

ACTIVIDAD 11

Esta es una de las chicas de la escuela.
Describe su día.

¿Qué hace a las 6.30
                 8.30
                 1.00
                 por la noche?

Lee el texto para obtener la información.

María Jesús habla de su pueblo

Escucha y pon las fotos
en orden.
¿Qué más información hay? Trabaja con un compañero.

Sopa de letras

Lee las instrucciones y juega (*play*) con un compañero.

Sopa de letras

...Y PARA TERMINAR CON LAS NOTICIAS LES DEJAMOS AQUÍ UNA SOPA DE LETRAS EN LA QUE SE ENCUENTRAN LOS NOMBRES DE 8 PAÍSES HISPANOAMERICANOS.

B	K	D	V	R	P	M	S
E	E	S	P	A	Ñ	A	O
L	S	Ñ	U	B	R	I	C
I	P	E	R	U	E	V	I
H	L	I	D	C	N	I	J
C	T	N	O	E	X	L	E
I	O	T	A	N	D	O	M
H	A	I	T	I	O	B	L

¡CLIT!

C De vacaciones

ACTIVIDAD 14

Mira las fotos y el mapa de la urbanización Benamar.
¿Qué información hay?

¿Dónde está?
¿Qué hay?
¿Cómo es?
etc.

Escribe las respuestas. Compara con un compañero.

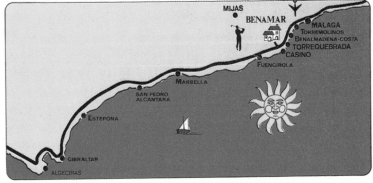

ACTIVIDAD 15

PRESENTACION

El Conjunto Residencial denominado Benamar consta de cuarenta y cuatro viviendas unifamiliares adosadas, y se encuentra situado en una de las urbanizaciones de la Costa del Sol de Málaga "Hacienda Torrequebrada".

La parcela en concreto, del Conjunto Benamar, está situada en una suave colina con inmejorables vistas al mar, rodeada por el campo de golf, al pie de numerosos lagos y distante unos 150 metros de la primera línea de playa.

La "Hacienda Torrequebrada" ocupa una superficie de más de 2.000.000 de m2. que se extienden a lo largo de la costa por un terreno ondulado, con una exuberante vegetación propia del clima mediterráneo.

En plena Costa del sol malagueña en Benalmádena-Costa, a 12 Kms. del Aeropuerto Internacional de Málaga, 5 Kms. de Fuengirola, 30 de Marbella y cerca de Tívoli World y Puerto Príncipe.

Comprende un gran campo de golf de 18 hoyos par 72 que fue elegido para el Open de España 1979, club, restaurante, salones, piscina, tenis, squash, paddle, etc., y como nota singular el mayor casino de España.

Como fase final, están estudiando la viabilidad de la construcción de una Marina con un gran puerto deportivo, club náutico, nuevas playas y puestos de atraque propios.

Compara tu información con la información en el texto.
¿Qué diferencias hay?

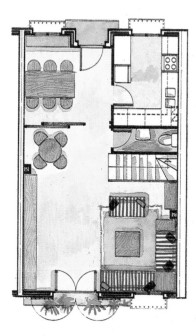

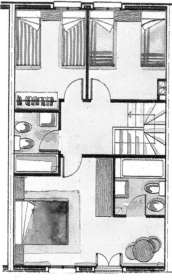

Primera planta – First floor – Erster stock

Estudia el plano y las fotos de un apartamento.
Escribe una descripción del apartamento.

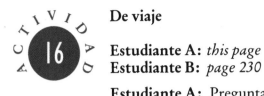

De viaje

Estudiante A: *this page*
Estudiante B: *page 230*

Estudiante A: Pregunta a Estudiante B sobre los hoteles, los restaurantes y las compras de Lanzarote.
Prepara seis preguntas:

¿Cuántos/as		está?
¿Cómo		hay?
¿Cuánto	······	se llama?
¿Dónde		es?
¿Cómo		cuesta?
¿Qué		hay?

Completa la información en la página 109.
(*If you are working alone, complete the information for the* Costa Blanca.)

Now Estudiante B *will ask you for the same kind of information for* Costa Blanca *below.*

Costa Blanca

DATOS UTILES

Hoteles
En Altea, el más «lujoso» es el Cap Negret, en las afueras del pueblo y sobre el mar (3 estrellas. Carretera Valencia-Alicante, km 132. Telf.: 84 12 00; 6.500 ptas. habitación doble en temporada alta). Otro más barato, y tranquilo, el Soly-mar, cerca de la playa de Almoradí, con terrazas en las habitaciones sobre el mar (Telf.: 84 02 50; 2.400 ptas. habitación doble).

Restaurantes
En Altea la Vieja, Mallol (sobre la carretera): muy buenas paellas.
En Altea, L'Obrador (Concepción, 9. Telf.: 84 09 06): bonito, animado y con buena cocina, especialmente italiana. Mejor reservar mesa.

El Negro (junto a la plaza), con terraza, buenas vistas sobre el mar y buena cocina.
La Costera (Costera del Mestre de Música, 8, en las escaleras que suben al pueblo): ¡divertidísimo! y, además, se come bien. Especialidades suizas.

Bares
En Altea, el más animado es La Plaza (plaza de la Iglesia): con terraza y ambiente «marchoso» hasta la madrugada.
En el pueblo de abajo tenéis Lledó (Pasaje Labrador, s / n), donde van los de Altea a tomar tapas y pescado frito de la bahía. En verano, estupenda leche merengada.

Compras
En Altea, ropa y joyas divertidas en Arco (al lado de la plaza).
La boutique Abanico (en el paseo Marítimo, junto al Hotel San Miguel) vende modelos de un nuevo diseñador murciano, francamente interesantes.
Artesanía *hippie*, en Col·lectiu d'Artesans d'Altea (Carrer Sant Pere, 22).
Miel de romero, de eucalipto, de azahar..., de Callosa de Ensarriá, en los puestos y tiendas al lado del nacimiento del río Algar.

	Nº	Nombre	Precio	Situación	Descripción	Especialidad
Hoteles						
Restaurantes						
Bares						
Tiendas						

ACTIVIDAD 17

Con un compañero elige un hotel, un restaurante y una tienda.
Inventa un diálogo para cada uno. (*Use the menu below for the restaurant.*)

El Restaurante flunch

Espárragos	275 pts.
Entrecot	575 pts.
Pan	35 pts.
Tarta	185 pts.
	1.070 pts.

* * *

Ensalada mixta	75 pts.
Pollo asado con patatas	295 pts.
Chocolate chantilly	175 pts.
	545 pts.

* * *

Entremeses o lomo frío	295 pts.
Guisado de carne	475 pts.
Fruta del tiempo	85 pts.
	855 pts.

* * *

DE ENTRE NUESTRO BUFFET, NOS PERMITIMOS SUGERIRLE LOS SIGUIENTES MENUS

Pollo asado con patatas	295 pts.
Pan	35 pts.
Cocktail de frutas	105 pts.
	435 pts.

* * *

Paella	275 pts.
Flan	95 pts.
	370 pts.

* * *

Y ADEMAS, SEGUN EL DIA DE LA SEMANA, EN NUESTRO BUFFET ENCONTRARA, ENTRE MUCHAS OTRAS, LAS SIGUIENTES ESPECIALIDADES:

¡Atención!

¿Qué me recomienda? = *What do you recommend?*
Le recomiendo . . . = *I recommend (to you) . . .*

D Juegos

ACTIVIDAD 18

Arrange the class in the order of your birthdays. All in Spanish.

Ejemplo:

¿Cuándo es tu cumpleaños?
El catorce de junio.

ACTIVIDAD 19

Now do the same with age. The oldest to the youngest.

ACTIVIDAD 20

¿Quién es quién en la playa?

Cada sombrilla tiene un dueño. (*Each sunshade has an owner.*)
Lee las instrucciones.

SUPERCONCURSO

¿QUIEN ES QUIEN EN LA PLAYA?

Cada sombrilla tiene un dueño. Averigua quién es quién en esta simpática pandilla y coloca su nombre bajo la sombrilla correspondiente. Te damos algunas pistas: a) Carolina no usa bikini, tiene dos hamacas y un lazo igual que el de Susana; b) Jaime es rubio, su sombrilla es pequeña; c) Pedro es tan alto como Jaime y no lleva flotador; d) Daniel no lleva gafas, pero sí camiseta. Se pone lejos de la orilla; e) Susana tiene el pelo corto, su sombrilla tiene cinco colores; f) Luis tiene una sombrilla azul y blanca; g) Ana pone su sombrilla entre la de Pedro y la de Carolina.

Write the questions.

Ejemplo:

1 ¿A qué hora comes? A las dos.

Continua:

2	369 4521
3	Soy dependienta.
4	En Londres.
5	De Londres.
6	En la calle Naranjo.
7	Me llamo Juan.
8	A las nueve de la mañana
9	A las once de la noche.
10	En una oficina.
11	Veinticuatro años.
12	Leo muchos libros.
13	Al partido de fútbol.
14	A las siete y media de la mañana.
15	Todo recto, al final de la calle.

Vocabulario para la próxima lección

Actividades del tiempo libre

Vocabulario

Verbos	*Verbs*
hablar	*to speak*
recomendar	*to recommend*

Estado civil	*Marital status*
casado/casada	*married*
divorciado/divorciada	*divorced*
soltero/soltera	*single*
viudo, viuda	*widower, widow*

El pelo	*Hair*
canoso/canosa	*grey-haired*
castaño/castaña	*brown-haired (chestnut)*
claro/clara	*fair*
pelirrojo/pelirroja	*red-haired*
oscuro/oscura	*dark*

La gente	*People*
la tercera edad	*old age (literally: the third age)*
joven	*young*
mayor	*old*
viejo/vieja	*old*

Carácter (m)	*Personality, character*
activo/activa	*active*
afectivo/afectiva	*affectionate*
altruista	*altruistic*
ambicioso/ambiciosa	*ambitious*
artístico/artística	*artistic*
atractivo/atractiva	*attractive*
comunicativo/comunicativa	*communicative*
compasivo/compasiva	*compassionate*
creativo/creativa	*creative*
dominante	*dominant*
egoista	*selfish*
estresado/estresada	*under stress*

familiar	*family-loving*
firme	*firm*
fuerte	*strong (strong-willed)*
generoso/generosa	*generous, kind*
humanitario/humanitaria	*humanitarian, considerate*
idealista	*idealistic*
imaginativo/imaginativa	*imaginative*
impaciente	*impatient*
inteligente	*intelligent*
intuitiva	*intuitive*
jovial	*jovial*
libre	*free*
místico/mística	*mystical*
nervioso/nerviosa	*nervous, excitable*
obstinado/obstinada	*obstinate, stubborn*
paciente	*patient*
perseverante	*persevering*
persistente	*persistant*
positivo/positiva	*positive*
práctico/práctica	*practical*
responsable	*responsible*
seductor/seductora	*seductive*
sensible	*sensitive*
sensual	*sensual*
simpático/simpática	*nice, pleasant*
sociable	*sociable*
tolerante	*tolerant*
trabajador/trabajadora	*hardworking*
bastante	*enough, quite a lot*
porcentaje	*percentage*
también	*also, as well*

Expresiones útiles	*Useful expressions*
En primer lugar	*In the first place, firstly . . .*

ocho

¿Qué te gusta?

Likes and dislikes
Free time, hobbies, activities, food
Opinions, expressing wishes and wants
Talking about where you live, your environment

A ¿Qué te gusta?

ACTIVIDAD 1

Rosa habla de su tiempo libre.

María Teresa	¿Qué haces en tu tiempo libre?
Rosa	No tengo mucho tiempo libre pero me gusta la música, escucho mucha música y me gusta leer.
María Teresa	¿Practicas algún deporte?
Rosa	No me gustan los deportes, excepto el ciclismo, pero no me gusta practicarlo en la ciudad porque hay mucho tráfico.
María Teresa	Te gusta estar con tu familia, ¿verdad?

| | Rosa | Sí. Paso practicamente todo mi tiempo libre con mi familia. Vamos al parque con las niñas. Comemos en casa de amigos. . . . A veces mi marido y yo vamos al teatro o cenamos en un restaurante . . . |

Rosa Sí. Paso practicamente todo mi tiempo libre con mi familia. Vamos al parque con las niñas. Comemos en casa de amigos. . . . A veces mi marido y yo vamos al teatro o cenamos en un restaurante . . .

María Teresa ¿Te gusta el cine?

Rosa Sí, me gusta mucho. A veces vamos al cine.

Contesta:

	Le gusta/n	No le gusta/n
la música		
los libros		
el fútbol		
la bicicleta		
la familia		
las películas		

ACTIVIDAD 2

me gusta el cine	I like the cinema
	(literally: The cinema pleases me)
me gustan las películas de Saura	I like Saura's films
me gusta la música	I like music
me gustan las sinfonías de Beethoven	I like Beethoven's symphonies
me gusta leer	I like reading
me gusta comer en casa	I like eating at home

ACTIVIDAD 3

Haz frases:

(No) me gusta
(No) me gustan

{ la fruta
el tenis
las fiestas
leer
los deportes
el cine
las naranjas

ACTIVIDAD 4

¿Qué te gusta hacer en tu tiempo libre?
Busca a alguien a quien le gusta nadar
cocinar
comer en restaurantes
bailar (en las discotecas)
las playas
viajar
leer
el cine
estudiar
la televisión

Ejemplo:

A: ¿Te gustan las discotecas?
B: No mucho. Me gusta el cine.

Inventa más preguntas.
¿Qué actividades son más populares en tu clase?
Pon en orden.

ACTIVIDAD 5

Lee la información de Cecilia de Boucourt y Maribel
Verdú. Tienen gustos (*likes*) en común y gustos
diferentes.

A Maribel y a Cecilia les gusta:	A Maribel le gusta:	A Cecilia le gusta:
ir al cine		

Cecilia de Boucourt

Se llama Cecilia de Boucourt, tiene 18 años y nació en
Buenos Aires, Argentina. Profesión: modelo.

"Los fines de semana suelo dedicar algunas horas a
cocinar. Soy vegetariana, pero me gusta mucho hacer

platos especiales e invitar a mis amigos a cenar en casa.

Leo todo lo que puedo. También me encanta pasear por la ciudad, mirar escaparates, salir con mis amigos . . . Pero por encima de todo me chifla ir al cine. Lo que ocurre es que casi nunca tengo tiempo libre."

Maribel Verdú

Maribel Verdú, una de las jóvenes actrices españolas más cotizadas, se encuentra actualmente recorriendo la geografía española con la obra teatral *Miles Gloriosus*, de Plauto. En los pocos ratos libres que le quedan a Maribel Verdú le gusta

"sentarme y no hacer nada, solo mirar al techo. Aunque también me gusta leer, escuchar música, pintar, ir al cine o al teatro y pasarlo bien con los amigos."

ACTIVIDAD 6

Mira la información de Alex y escribe un párrafo sobre él.

ALEX (19) en entrevista íntima

DATOS PERSONALES

Nombre: Alejandro
Fecha de nacimiento: 12-5-70
Lugar de nacimiento: Salamanca
Signo: Tauro
Talla: 1,83 m
Color de ojos: Azules
Aficiones: Coches antiguos, boxeo, correr, hablar y hacer amistades
Profesión: Aprendiz de mecánico de automóviles
Adora: Naturalidad, sensualidad
Detesta: Superficialidad, vanidad

> **¡Atención!**
>
> Mide 1 metro 83 = *He is 1m 83 tall*
> *(literally: He*
> *measures 1m 83)*

ACTIVIDAD 7

Mira la foto de esta actriz y artista de televisión. ¿Cómo es? Adivina (*guess*). Completa la información y compara con un compañero.

LYDIA BOSCH

Nacida:
Signo zodiacal:
Lugar de nacimiento (España):
Color favorito:
Bebida:
Comida:
Prenda de vestir:
Deporte:
Tipo de hombre:
Animal:
Monstruo:

Now turn to page 119. Were you right?

ACTIVIDAD 8

*In groups of about five, choose one person and complete
the same information by guessing. The person chosen
should complete the form for him/herself. When you have
finished, ask the appropriate questions. Who gets the most
right?*

Ejemplo:

A: Te gustan los perros?
B: No, no me gustan

ACTIVIDAD 9

¿A quién escribes si te gustan los animales?
te gusta la gente?
te gusta la música?
te gustan los sellos?
te gusta el cine?
te gusta la aventura?
te gusta pintar?

Escribe más información sobre cada uno.
Por ejemplo: nacionalidad, edad, etc.

¡Atención!

Quisiera
Me gustaría ⎫
Deseo ⎬ (tener correspondencia)
Desearía ⎭ = *I would like* (*to write to*)

Correspondecia entre nuestros lectores

• Quisiera mantener correspondencia para amistad e intercambio de sellos, postales y lotería. José A. Franco Garres. Apartado de Correos 12. 30100. Espinardo (Murcia).

• Tengo 22 años, estudio, hago de modelo, soy actor, incluso he hecho cine en un grupo juvenil, me encanta pintar, leer, etcétera, prometo contestar todas las cartas. Lázaro Hernández Suárez. Avda. 69, 12806, entre 128 y 128 B. Marianao 15. C. Habana (Cuba).

• Soy una chica de 28 años, estoy separada legalmente, tengo una hija de tres años, quiero tener amigos-as en situación parecida. Carmen Olmeda Martínez. Poeta Lienr, 14, 3.º. 46003 Valencia.

• Joven de 21 años, amante de la aventura, la música y de conocer a gente. Luis Trabal. C/ del Pi, 15. Sant Ferm. 08500 VIC (Barcelona).

• Deseo correspondencia con chicas de 20 a 30 años para una sincera amistad. Juan José Cimenes. Puente Tocinos, 44. 30006 Murcia.

• Chica de 25 años, desea mantener correspondencia con chicos-as de toda España en especial de La Coruña. Belén Piñón. Ronda de Breogán, 8. 15002 La Coruña.

• Soy una chica mexicana de 14 años y me gustaría tener correspondencia con chicos y chicas de 13 a 17 años de cualquier parte del mundo que hable español, colecciono sellos y todo lo relacionado con gatos. Julieta Cervantes Morán. Once Mártires, 51, 8 Col. Tlalpan. C. P. 14070. México D. F.

• Tengo 18 años, soy estudiante y me gustaría mantener correspondencia con chicos-as de cualquier edad. María del Mar Valencia Hernández. Trasera Molinos de Agua, 5. La Laguna. Tenerife (Islas Canarias).

• Tengo 29 años y deseo tener amistad con gente joven de toda España, amo y admiro ese país. Marta Madrigal. Vicente Suyama, 3. Trinidad (Cuba).

• Deseo intercambiar sellos, postales y correspondencia, con personas de todo el mundo. Martín González. Las Heras 3008. (1602) Florida. Buenos Aires (Argentina).

• Desearía mantener correspondencia con personas españolas, mis «hobbis» son la lectura, la música, escribir cartas. Lola Núñez. José Ellauri, número 221. Montevideo (Uruguay).

ACTIVIDAD 10

Escribe un texto similar con tus gustos y aficiones (*hobbies*).

ENTREVISTA

LYDIA BOSCH

PARTICULARISIMO

Nacida: 26 Noviembre 1963
Signo zodiacal: Sagitario
Lugar de nacimiento: Barcelona
Estudios: Bachillerato y Relaciones Públicas
Inicios profesionales: «Un, dos, tres» (TV), «El disputado voto del señor Cayo»
Actrices españolas: Amparo Baró, Victoria Abril
Actriz extranjera: Katharine Hepburn

Actor español: Juan Diego
Actor extranjero: Robert De Niro
Película: «Lo que el viento se llevó»
Director español: Antonio Giménez-Rico
Director extranjero: Stanley Kubrick, Steven Spielberg
Director con el que le gustaría trabajar: Todos, y por decir uno, Manuel Gutiérrez Aragón
Color: Negro

Bebida: Agua
Comida: Spaghettis
Prenda de vestir: Shorts grandotes, guardapolvos texanos
Droga: No gasto
Pasatiempo: Holgazanear
Deporte: Esquí
Tipo de hombre: Inteligente y con sentido del humor
Modisto: Maite Liébana
Perfume: Aire, de Loewe
Un libro: «Vuelta al infinito» de Richard Bach

Un spot de TV: Los de Coca Cola y el «Aprende de tus hijos» de Danone
Lo que quería ser de pequeña: Profesora
Lo que quiere ser de mayor: Feliz
Animal: Perro
Monstruo: E.T.

B ¿Qué opinas de tu ciudad?

ACTIVIDAD 11

Escucha estas opiniones sobre la ciudad. Escribe una cosa que le gusta y una cosa que no le gusta a cada persona.

1
2
3
4

ACTIVIDAD 12

Ciudades famosas

Busca tres cosas buenas y tres cosas malas de las tres ciudades descritas:

1 Londres

Vivo en Londres. Es muy grande, quizás demasiado grande y viajar por la ciudad es difícil. Lo bueno de Londres son sus parques: me gustan mucho y hay muchos. También tiene muchos teatros y son preciosos. Me encanta ir al teatro en Londres. Pero las calles de Londres están muy sucias. No me gusta la suciedad. Y las tiendas cierran muy temprano.

2 París

Vivo en París. Tiene un río precioso con los puentes tan bonitos, pero no hay muchos parques en el centro de la ciudad. Me gusta también la vida cosmopolita y las galerías de arte. Pero todo el mundo corre en París y nadie quiere hablar conmigo. La gente no es muy simpática.

3 Madrid

Vivo en Madrid. Me gusta mucho la vida nocturna. Hay mucho ambiente en la ciudad. La gente es muy simpática. Es una capital muy bonita. Lo único que no me gusta es la contaminación y el clima. En verano las temperaturas son muy altas.

¡Atención!

nadie	= *nobody*
lo bueno de . . .	= *the good thing about . . .*
lo único que . . .	= *the only thing that . . .*

	Bueno	Malo
Londres		
París		
Madrid		

¿Qué te gusta y qué no te gusta de tu ciudad?
Trabaja con un compañero.
Haz una lista.

C ¿Qué haces en tu tiempo libre?

Escucha, y con un compañero haz una lista de actividades
del tiempo libre y aficiones de Javier y María Jesús.

Ejemplos:

ir al cine
salir con amigos

Escucha otra vez y escribe más cosas.

Plurales

Escucha a María Jesús otra vez. Habla de ella y sus
amigos:

Tomamos algo	= *We have something to drink*
Salimos	= *We go out*
Comemos	= *We eat*

Preguntas

¿Tomáis algo?	=	*Do you (plural) want anything to drink?*
¿Qué coméis?	=	*What do you eat?*
¿Salís?	=	*Do you go out?*
¿Qué toman?	=	*What do they have to drink?*
¿Dónde comen?	=	*Where do they eat?*
¿Salen juntos?	=	*Do they go out together?*

See Grammar section: page 249.

ACTIVIDAD 16

Cuando sales con tus amigos ¿qué hacéis?
Explica a tu compañero.

ACTIVIDAD 17

María y Ana son gemelas (*twins*).
¿Qué hacen María y Ana juntas (*together*)?
¿Qué hace María?
¿Qué hace Ana?
Haz preguntas a María y Ana para conocerlas mejor
(conocer = *to know (a person or a place)*)

Escucha y completa los detalles:

	María y Ana	María	Ana
1			
2			
3			
4			
5			

Mira el anuncio.

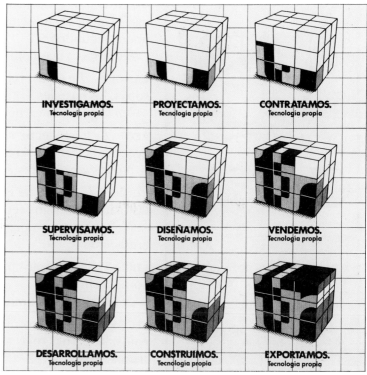

INVESTIGAMOS.
Tecnología propia

PROYECTAMOS.
Tecnología propia

CONTRATAMOS.
Tecnología propia

SUPERVISAMOS.
Tecnología propia

DISEÑAMOS.
Tecnología propia

VENDEMOS.
Tecnología propia

DESARROLLAMOS.
Tecnología propia

CONSTRUIMOS.
Tecnología propia

EXPORTAMOS.
Tecnología propia

Pon los verbos en una lista de -**ar**, -**er**, -**ir**.
Pon los verbos en el infinitivo.
¿Qué significan los verbos?

Tu signo y la comida

1 Escribe las comidas que te gustan.
Escribe las comidas que no te gustan.
Compara con tu signo.
¿Hay diferencias?

A la carta astral

ARIES *Le gusta*: todo lo rojo, desde la carne a los pimientos, pasando por las salsas, las frutas o los helados con un intenso color rojo.

No le gusta: las dietas, las comidas vegetarianas, las ensaladas, la cocina china, las comidas largas.

TAURO *Le gusta*: las comidas tradicionales, de tres platos y postre, abundantes todos ellos. Todas las carnes, las tartas, el vino tinto, beber mucha agua.

No le gusta: las raciones pequeñas, comer de prisa, o tomarse un sandwich de prisa y corriendo, vivir con una persona obsesionada por la dieta.

GEMINIS *Le gusta*: todas las frutas, el yogur, el queso, el pan blanco, un alimento completo que puede preparar en pocos segundos.

No le gusta: las comidas fuertes, la cebolla.

CANCER *Le gusta*: las comidas de bebé. Los purés, las sopas, los pasteles, las mermeladas.

No le gusta: la carne roja, los platos exóticos.

LEO *Le gusta*: el pescado, la carne en salsa, las salsas en general, la leche descremada, la cerveza.

No le gusta: las restricciones, las comidas frugales.

VIRGO *Le gusta*: las ensaladas, tomates, carnes a la brasa, las frutas, todos los cereales.

No le gusta: Los platos pesados, las salsas, los postres cremosos.

LIBRA *Le gusta*: los platos delicados, bien decorados, la comida china.

No le gusta: la comida pesada, la grasa, las mesas sucias.

ESCORPIO *Le gusta*: la cocina india o africana, pimientos rojos, las carnes rojas a la plancha, la fruta fresca y los frutos secos.

No le gusta: las ensaladas, las verduras crudas.

SAGITARIO *Le gusta*: las salsas, las comidas abundantes, los dulces, el chocolate, la carne roja.

No le gusta: la frugalidad, las dietas, un estúpido en la mesa.

CAPRICORNIO   *Le gusta*: pocas cosas, las comidas 'serias' y sanas, las ensaladas variadas, el pan integral.
   No le gusta: la mostaza, los pasteles, dejar comida en el plato.

ACUARIO   *Le gusta*: el exotismo, los platos raros, las frutas tropicales, el agua mineral en grandes cantidades.
   No le gusta: las comidas sencillas, las sopas de casa.

PISCIS   *Le gusta*: el pescado, seguir una dieta rigurosa, aire puro, vida sana. Y también, el alcohol y el tabaco.
   No le gusta: las grasas, el ajo. Comer sin vino o cerveza.

2 Trabaja con un compañero. Busca el signo de tu compañero.

A: Pregunta a tu compañero.
B: Contesta

Ejemplo:

A: (Tauro) ¿Te gustan las comidas tradicionales?
B: Sí.

Haz una lista de las similaridades y las diferencias.

3 ¿A qué signos . . .
   a   les gusta comer mucho?
   b   les gusta comer poco?
   c   les gustan los platos exóticos?
   d   no les gustan los platos exóticos?
   e   no les gusta la carne?
   f   les gustan las salsas?
   g   no les gustan las salsas?
   h   les gustan las comidas de un mismo color?
   i   les gusta comer mucha cantidad?

La infanta Cristina

La infanta Cristina es la hija del Rey Juan Carlos de España.

1 Lee el texto en la página 126 y haz tres listas:

la ropa	el tiempo libre	la familia (nombre y relación)

ACTIVIDAD 20

La infanta Cristina prefiere el mar a las salidas nocturnas por Palma

El ser la mujer más observada del verano no le impide dar un toque informal a sus vacaciones. Salir a tomar copas, escuchar música *rock* y hablar de política son algunas de las aficiones de la infanta **Cristina**.

CRISTINA de Borbón ha empezado en Mallorca sus verdaderas vacaciones. A la Infanta le gusta salir a navegar en el yate *Fortuna* y tomar el sol en su cubierta y bañarse en el mar o en la piscina de Marivent. Unas cuantas noches a la semana sale hasta la madrugada a tomar copas, muchas veces acompañada de su hermano, el príncipe **Felipe**, y de sus primas **Alexia de Grecia** y **Simoneta Gómez-Acebo**, o de amigas que ha traído invitadas desde Madrid, como **Cristina Pool**. El lugar que más frecuenta en sus salidas nocturnas es la terraza de El Capricho, un bar situado en el exclusivo puerto Portals, que es propiedad de **Alejandro Arroyo**, cuñado de **Mario Conde** y también regatista.

A **Cristina de Borbón** le gusta mucho la música y tiene en su coche muchas cintas de grupos de *rock* españoles y extranjeros, aunque en sus momentos de relax opta también por la música clásica. Prefiere la ropa informal a la de vestir y todo el verano se la ha estado viendo en Palma, aparte de con sus ya notorias gafas blancas, con una visera para el sol y con bermudas de colorines.

2 Completa el texto.

La infanta Cristina . . . . . . el sol en el yate Cristina y . . . . . . en el mar. Le gusta . . . . . . por la noche. . . . . . . a un bar que . . . . . . El Capricho. La infanta . . . . . . Coca Cola o tónica y a veces . . . . . . copas.

3 Una entrevista con la infanta Cristina.
Haz las preguntas – estas son las respuestas:

Me gusta la Coca Cola.
Mis amigos y yo vamos a un bar.
Me gusta la música clásica.
Tengo veinticuatro años.
Felipe.
Es una amiga.

Vocabulario en casa

Los deportes

Une las fotos y los deportes.
Sigue las líneas para comprobar (*check*).

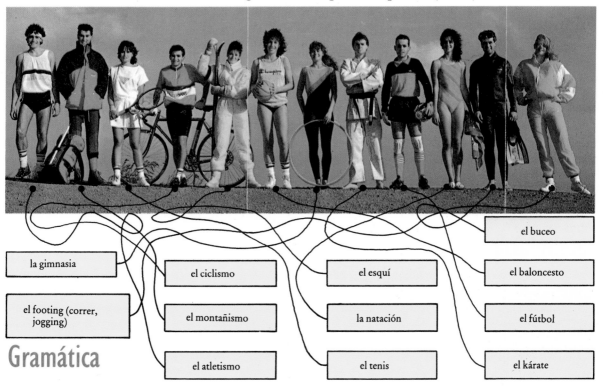

la gimnasia	el ciclismo	el esquí
el footing (correr, jogging)	el montañismo	la natación
	el atletismo	el tenis

el buceo

el baloncesto

el fútbol

el kárate

Gramática

VERBO: **gustar** = *to please*

me gusta (el cine)	*I like (the cinema)*
te gusta	*You like*
le gusta	*He/She/You like(s)*
nos gusta	*We like*
os gusta	*You like*
les gusta	*They/You like*
me gustan (las películas)	*I like (films)*
me gusta leer	*I like reading*
(gustar + verbo en infinitivo)	
A Juan le gusta leer	*Juan likes reading*

Negativo: No me gusta

VERBOS

encantar Me encanta esquiar   *I love skiing*
interesar Me interesa la historia   *I'm interested in history*
fascinar Me fascina el teatro   *I'm fascinated by the theatre*

VERBOS: plurales

-ar	-amos	cen**amos**
	-áis	cen**áis**
	-an	cen**an**
-er	-emos	com**emos**
	-éis	com**éis**
	-en	com**en**
-ir	-imos	sal**imos**
	-ís	sal**ís**
	-en	sal**en**

PREPOSICIONES

con = *with*
Vive **con** unos amigos (*She lives with some friends*)

en = *in*
Trabaja **en** una oficina (*factory*)

a = *to*
Va al cine (*She goes to the cinema*)   a + el = al
Va a la discoteca (*She goes to the discotheque*)

de = *of*
Un hermano de 24 años (*One brother of 24*)

Vocabulario para la próxima lección

enamorado/a	*in love*	regular	*OK, alright, not bad,*
enfadado/a	*angry*		*average*
triste	*sad*	mal	*ill/fed up*
preocupado/a	*worried*	enfermo/a	*ill*
contento/a	*content, pleased*	resfriado/a	*with a cold*
bien	*well/alright*		

Vocabulario

Verbos	Verbs	Aficiones (f)	Hobbies, pastimes
desear	*to desire, to wish for*	cocinar	*to cook*
encantar	*(literally; to enchant)*	escuchar	*to listen to*
(me encanta)	*(I love)*	hacer deporte	*to do sports*
gustar	*to please*	jugar	*to play*
(me gusta)	*(I like)*	leer	*to read*
interesar	*to interest*	mirar (escaparates)	*to look at (shop*
fascinar	*to fascinate*		*windows) (= to go*
medir	*measure*		*window shopping)*
(mide un metro 70)	*(He is 1m 70 tall)*	nadar	*to swim*

pasar (tiempo)	*to spend (time)*
pasear	*to walk, stroll, go for a walk*
practicar	*to practise, to do (sport)*
sentarse	*to sit*
soler	*to usually do*
(suelo invitar a mis amigos)	*(I usually invite my friends)*
recorrer	*to tour*

La comida de los signos

Food for the (astrological) signs

ajo	*garlic*
carne (f) a la brasa	*barbecued meat*
carne a la plancha	*meat fried with little or no oil*
cereales (m)	*cereals*
fruta seca	*nuts*
grasa	*fat (on meat)*
helado	*ice cream*
leche descremada (f)	*skimmed milk*
pimientos	*peppers*
postre (m)	*sweet, dessert*
puré (m)	*puree*
salsa	*sauce*
sopa	*soup*
tarta	*tart, pie*
yogur (m)	*yoghurt*

La ciudad

The city

el ambiente	*the atmosphere*
el aire puro	*the fresh air*
el comercio	*the business*
la contaminación	*the pollution*
la gente	*people*
los medios de transporte	*the means of transport*
el ruido	*the noise*
la suciedad	*the dirt*
el tráfico	*the traffic*
la vida sana	*the healthy life*

Deportes (m)

Sports

el atletismo	*athletics*
el baloncesto	*basketball*

el buceo	*skindiving*
el ciclismo	*cycling*
el esquí	*skiing*
el footing	*jogging*
el fútbol	*football*
la gimnasia	*gymnastics*
el kárate	*karate*
el montañismo	*mountaineering*
la natación	*swimming*
el tenis	*tennis*
un yate	*a yacht*
alguno/a/os/as	*some*
anuncio	*advertisement*
un/una estúpido/a	*a stupid person (*a strong insult)*
estúpido/a (adjetivo)	*stupid*
excepto	*except*
frugal	*frugal, simple*
gato	*cat*
juntos/as	*together*
mejor	*better*
perro	*dog*
pesado/a	*heavy, rich (food)*
precioso/a	*beautiful, wonderful*
prenda (de vestir)	*item (of clothing)*
una ración	*a portion (of food)*
raro/a	*strange, unusual*
una restricción	*a restriction*
un río	*a river*
sencillo/a	*simple, straightforward*
techo	*ceiling*
tiempo libre	*free/spare time*
tipo	*type (e.g. type of car)*

Expresiones útiles

Useful expressions

por encima de todo	*above all*
lo que ocurre (es) . . .	*what happens (is) . . .*
casi nunca	*hardly ever (literally: almost never)*
quizás	*perhaps, maybe*
lo bueno (de mi ciudad) es . . .	*the good thing (about my city) is . . .*
lo único . . .	*the only thing . . .*

nueve

¿ Q u i e r e s   s a l i r ?

Inviting people	Giving advice
Accepting, refusing, apologising, giving excuses/explanations	Future plans/intentions
	Saying what you can/can't do
States of health and feelings	

A ¿Quieres venir al cine?

ACTIVIDAD 1

Tomás invita a Luisa al cine.

Luisa Dígame

Tomás Hola Luisa, soy Tomás.

Luisa Hola Tomás. ¿Qué tal estás?

Tomás Estoy muy bien. ¿Quieres venir esta tarde al cine?

Luisa Pues lo siento pero mi madre está enferma.

Tomás ¿Está enferma? ¿Qué es lo que tiene?

Luisa Está resfriada y tiene mucha fiebre.

Tomás Entonces, ¿no puedes venir esta tarde?

Luisa No, y además, estoy muy cansada. Si quieres, podemos ir el domingo.

Tomás Entonces, te llamo entonces el domingo.

¡Atención!

Lo siento   = I'm sorry

1 ¿Dónde quiere ir Tomás?
2 ¿Quiere ir Luisa?
3 ¿Cuáles son los problemas?
4 ¿Cuándo (*when*) van al cine?

Verbo: estar

¿Cómo estás?
¿Cómo está (Vd)? } *How are you?*

Estoy bien   *I'm well, alright*
Estoy regular   *I'm OK (average)*
Estoy mal   *I'm not well*

Estoy   cansado/a
        enfermo/a
        resfriado/a
        triste
        enfadado/a

'cansado/a'

'enfermo/a'

'resfriado/a'

'triste'

'enfadado/a'

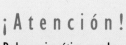

¡Atención!

Pedro es simpático pero hoy está enfadado.

Use of estar: change of state, of feelings.
estar *means 'to feel' in this case.*
See also Lección 4 + Grammar section.

Completa las frases:

a	Estoy triste	**1**	trabajo mucho
b	Estoy enfadado/a	**2**	tengo fiebre (*I have a temperature*)
c	Estoy cansado/a	**3**	¿Tienes un pañuelo (*handkerchief*)?
d	Estoy enfermo/a	**4**	Mi madre está enferma
e	Estoy resfriado/a	**5**	Mi novio/a prefiere a mi amigo/a

ACTIVIDAD 4

> **¡Atención!**
>
> ¿Por qué?   *Why?*
> porque   *because*
>
> ¿Por qué no vas a trabajar?
> Porque estoy enfermo.

CONCURSO DE HUMOR

Doctor, no comprendo a los mayores. Cuando mi madre está cansada me manda a mí a la cama.

Chiste enviado por Victoria Torres Mas, de Valencia, 13 años.

ACTIVIDAD 5

Consejos

Hay un programa de radio que se llama 'Consejos' (*Advice*). La gente con problemas de relaciones o personalidad escribe al programa y un experto responde con su consejo.

Pon la forma correcta de 'ser' o 'estar' en la carta.

Escucha el programa. Comprueba.

Estimada Sra:

Le escribo porque ...... desesperado.

Mi novia me abandonó. Prefiere a mi amigo y yo ...... enamorado terriblemente de ella. ¿Por qué? No lo comprendo. Yo ...... inteligente y serio, pero también ...... tímido y no ...... atractivo. ...... un poco gordo y bajo, pero ...... muy simpático. Mi amigo ...... alto y delgado, ... rubio, ... rico; pero ...... loco y siempre ...... enfadado. Su carácter ...... terrible.

No sé qué hacer. Mi corazón ...... roto y ...... solo. ¿Qué puedo hacer?
Agradeciendo su atención, le saluda atentamente,

Corazón roto

B Consejos

Tienes que + infinitivo

Ejemplo:

A: Estoy cansado
B: Tienes que tomar unas vacaciones (*You have to take a holiday*)

Lee la carta de 'Corazón roto'. Inventa unos consejos

Los consejos de la radio

Escucha los consejos.

1 Compara con los consejos de la Actividad 7.
2 ¿Qué consejos son diferentes?
3 Hay más información sobre 'Corazón Roto', su amigo y su novia.
4 ¿Qué dice la señora de la radio sobre estas tres personas?

¡Atención!

olvidar = *to forget*
pensar = *to think*

Estudiante A: esta página
Estudiante B: página 231

Explica tus problemas a un amigo.
Da consejos a un amigo.

Estudiante A: problemas

1 examen/la próxima semana
2 coche/estropeado (*broken down*)
3 fiebre/no comer

Instrucciones:

Escribir una carta corta (*short*) al programa 'Consejos'.
Recoger (*collect*) y mezclar (*mix*) todas las cartas.
Elegir una carta cada persona.
Responder con consejos.
Hacer un programa de 'Consejos' con las cartas.

C Invitaciones

Invitar

¿Quieres. . . ?   *Do you want to. . . ?*
¿Te gustaría (ir al cine conmigo)?   *Would you like to*
                                         (go to the cinema
                                         with me)?

¿Puedes. . . ?   *Can you. . . ?*

¡Atención!

conmigo	=	*with me*
contigo	=	*with you*
con él	=	*with him*
con ella	=	*with her*
con Vd	=	*with you*
con nosotros/as	=	*with us*
con vosotros/as	=	*with you*
con ellos/as	=	*with them*
con Vds	=	*with you*

Aceptar   **Negar**

Sí, vale   No, lo siento
De acuerdo   No puedo
Sí, me gustaría   No, gracias
¡Estupendo!
¡Claro!

Excusas

Estoy cansado/a   *I'm tired*
Estoy ocupado/a   *I'm busy*
Tengo que (estudiar)   *I have to (study)*
Mi madre está enferma   *My mother is ill*
No me apetece (ir al cine)   *I don't feel like it (going to*
                             the cinema)

No me gusta (el cine)   *I don't like the cinema*
No quiero ir al cine hoy   *I don't want to go to the*
                             cinema today

Cuatro personas invitan a otras cuatro.
Completa la información.

ACTIVIDAD 12

	Lugar (*Place*)	Aceptar/Negar	Excusa/problema
1			
2			
3			
4			

ACTIVIDAD 13

Inventa diálogos con un compañero.

1 Ejemplo:
A: ¿Quieres ir al fútbol conmigo?
B: No gracias.
A: ¿Por qué no?
B: Porque no me gusta el fútbol.

Continua: inventa más excusas.
2 la playa
3 la discoteca
4 un concierto de rock
5 las tiendas
6 una fiesta

Inventa más.

Contesta a la invitación.
No puedes ir. ¿Por qué no?

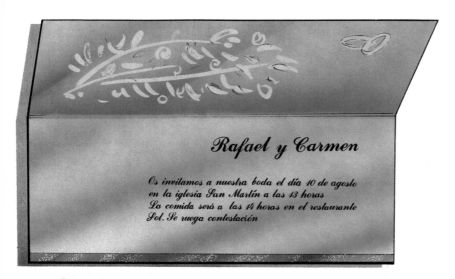

Rafael y Carmen

Os invitamos a nuestra boda el día 10 de agosto
en la iglesia San Martín a las 13 horas.
La comida será a las 14 horas en el restaurante
Sol. Se ruega contestación

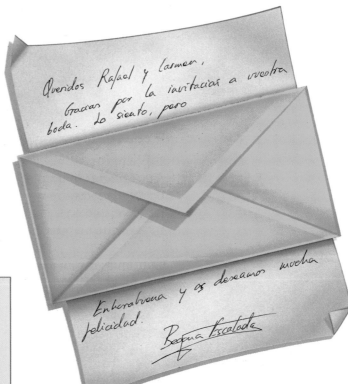

Queridos Rafael y Carmen,
Gracias por la invitación a vuestra
boda. Lo siento, pero

Enhorabuena y os deseamos mucha
felicidad.

Begoña Escalada

¡Atención!

enhorabuena	= *congratulations*
nuestro/a	= *our*
vuestro/a	= *your*

D Voy a cenar en un restaurante

ACTIVIDAD 15

ir a + infinitivo

Ejemplos:

A: ¿Quieres venir conmigo?
B: No gracias. Voy a cenar en un restaurante.

C: ¿Quieres ir a la piscina?
D: No gracias. Voy a ver a mis padres.

ACTIVIDAD 16

Hoy es miércoles. María quiere invitar a Alfonso.

1. ¿Cine?
2. ¿piscina?
3. ¿Fiesta?
4. ¿discoteca?

1. Clase de inglés
2. Sí
3. estudiar
4. amigos

1 Escucha y completa la agenda (*diary*) de María.
2 Escucha y completa la agenda de Alfonso.
3 ¿Qué día van a salir juntos (*together*)?
4 ¿Dónde van a ir?

| Lunes 16 Mayo. |
| Martes 17 Mayo. |
| Miércoles 18 Mayo. *¿Cine?* |
| Jueves 19 Mayo. |
| Viernes 20 Mayo. |
| Sábado 21 Mayo. |
| Domingo 22 Mayo. |

| Lunes 16 Mayo. |
| Martes 17 Mayo. |
| Miércoles 18 Mayo. |
| Jueves 19 Mayo. |
| Viernes 20 Mayo. |
| Sábado 21 Mayo. |
| Domingo 22 Mayo. |

ACTIVIDAD 17

¿Qué vas a hacer este fin de semana?
Pregunta a tus compañeros de clase.

N° 176568

ENTRADA

MUSEO
**Pablo
Gargallo**
EXCMO. AYUNTAMIENTO DE ZARAGOZA

Pza. San Felipe, 3 • Telf. 21 79 97 • 50003 Zaragoza

En este **Museo** puede mirar, pasear, tocar, tomar notas, comer, hablar, aprender, fotografiar, descansar, consultar, fumar, colaborar en su conservación.

ACTIVIDAD 18

En un museo ¿qué puedes hacer?
¿qué no puedes hacer?

Une los verbos con los dibujos.

Indica lo que $\left\{ \begin{array}{l} \text{puedes } \sqrt{} \\ \text{no puedes } \times \end{array} \right\}$ hacer.

tomar notas
mirar
fumar
hablar
pasear
descansar
tocar
aprender
consultar
fotografiar
comer

Mira la entrada y comprueba.

E Vamos al cine

ACTIVIDAD 19

¿Vamos al cine?

Une los símbolos con las palabras.

una película romántica
de terror
cómica
de dibujos animados
policiaca
del oeste
de ciencia-ficción

¿Qué tipo de películas te gustan?
Busca una película que quieres ver.
Invita a tu compañero al cine.
(*Convince each other that your film is the one worth seeing.*)

CARTELERA

CINES DE ESTRENO

ACTUALIDADES. — 5-7-9-11 (Todos públicos). 5.ª semana. **Fievel y el nuevo mundo**. Producción de Steven Spielberg. ¡Un mundo fantástico de dibujo y color para una gran aventura!

ARAGON. — 5-7-9-11. (Todos públicos). 6.ª semana: **Sufre, mamón**. Filme de Summers, con Hombres G.

CERVANTES. — 5-7-9-11 (Todos públicos). 3.ª semana. **Oxford Blues**. Con Rob Lowe, Ally Sheedy, Amanda Pays. Un filme de Robert Boris.

COLISEO. — 5-7-9-11 (Todos públicos). **Todo en un día** (las aventuras de un golferas con clase). Filme de John Hughes, con Matthew Broderick, Alan Ruck, Mía Sara.

DON QUIJOTE. — 5-7-9-11 (Todos públicos). 3.ª semana. **Loca academia de policía 4**. Con Steve Guttenberg, Bubba Smith, Michael Winslow.

ELISEOS. — 5-7-9 (No recomendada para menores de 18 años). **Rambo acorralado. Parte segunda**. Con Sylvester Stallone, Richard Crenna, Charles Napier.

FLETA. — 5-7, 15-10, 45 (Todos públicos). 2.ª semana. **007: Alta tensión**. Timothy Dalton como James Bond 007.

GOYA. — 5-7-9-11 (No recomendada menores 13 años). 2.ª semana. **Del amor y del deseo**. Rachel Ward, Bryan Brown, Steve Wilder.

IRIS. — 5-7-9-11 (Todos públicos) 12 semanas **La vida alegre**. Verónica Forqué, Ana Obregón, Massiel, Antonio Resines, Guillermo Montesinos.

MOLA. — 5-7-9-11 (No recomendada menores de 13 años). **Link**. Con Elisabeth Shue, Terence Stamp.

Trabaja con un compañero.
Estudiante A: elige una película
Estudiante B: haz las preguntas.

Domingo 18

TVE-1 ■ ROBO AL BANCO DE INGLATERRA
'The day of the Bank of England' (1960), de John Guillermin, con Peter O'Toole, Elizabeth Sellars. 83 minutos.
Domingo, 16.00 (***).

Hábil reconstrucción del robo perpetrado a principios de siglo por nacionalistas irlandeses durante la guerra contra Inglaterra, realizado con eficacia por el olvidado director británico John Guillermin. Peter O'Toole aparece en uno de sus primeros papeles.

Lunes 19

TVE-1 ■ DOCE HOMBRES SIN PIEDAD
'Twelve angry men' (1957), de Sidney Lumet, con Henry Fonda, Lee J. Cobb. 92 minutos.
Lunes, 0.50 (**).

Tras una larga etapa como realizador televisivo, el norteamericano Sidney Lumet debuta en el cine con esta nueva versión de un drama para televisión de Reginald Rose, sobre el comportamiento del jurado en un melodramático caso, que marca una fecha histórica en el cine de Hollywood.

Martes 20

TVE-1 ■ SOPLO SALVAJE
'Blowing wild' (1953), de Hugo Fregonese, con Gary Cooper, Barbara Stanwyck, Anthony Quinn, Ruth Roman. 85 minutos.
Martes, 22.20 (***).

Gracias a un buen guión del reputado Philip Jordan, sobre un turbulento melodrama triangular, una excelente música del conocido Dmitri Tiomkin y un adecuado reparto, el argentino Hugo Fregonese dirige la mejor película de su período norteamericano.

TVG ■ PEQUEÑOS ASASINATOS
'Little murders' (1971), de Alan Arkin, con Elliot Gould, Marcia Rodd. Color. 102 minutos.
Martes, 16.33 (**).

El famoso creador de historietas gráficas Jules Feiffer escribe dos películas típicas de comienzos de los setenta. La famosísima *Conocimiento carnal* (1971), de Mike Nichols, y esta olvidada producción con la que debuta como mal director el irregular actor Alan Arkin, aunque una y otra hacen un similar nuevo acercamiento a la sociedad norteamericana del momento.

Jueves 22

TVE-1 ■ EL CUARTO MANDAMIENTO
'The magnificent Ambersons' (1942), de Orson Welles, con Joseph Cotten, Anne Baxter, Tim Holt. 84 minutos.
Jueves, 2.00 (****).

A pesar de haber sido alterado el montaje por la productora RKO y vuelto a rodar el final por otro director, esta adaptación de la novela de Both Tarkington, escrita y dirigida por Orson Welles, es la mejor de sus películas, por carecer de la frialdad de la mayoría de sus obras y narrar con cálida perfección una lírica y dramática historia. Es la única producción de Orson Wells en la que él no aparece como actor.

Viernes 23

TVE-1 ■ EL CHICO DE ORO
'The golden child' (1986), de Michael Ritchie, con Eddie Murphy, Charlotte Lewis. Color. 85 minutos.
Viernes, 22.25 (**).

El actor negro surgido de la televisión Eddie Murphy tiene una gran fuerza y simpatía en sus primeras películas, pero a medida que su éxito es mayor y logra más control sobre ellas resultan peores, y su personaje menos atractivo, como ocurre en esta comedia desganadamente dirigida por Michael Ritchie. La última película de Murphy, aún en rodaje, no sólo la ha interpretado y producido, sino que también ha escrito el argumento y se ha encargado de la dirección, con imprevisibles resultados.

Sábado 24

TVE-1 ■ GUAPA, INTRÉPIDA Y ESPÍA

'Fathom' (1967), de Leslie H. Martinson, con Raquel Welch, Tony Franciosa. Color. Scope. 97 minutos.

Sábado, 7.35 (*).

A partir de un insípido guión de Lorenzo Semple sobre una paracaidista a la busca de una joya, el rutinario realizador norteamericano Leslie H. Martinson dirige una aburrida película para lucimiento personal de Raquel Welch rodada en exóticos exteriores malagueños.

TV-3 ■ CASTA INVENCIBLE

'Sometimes a great notion' (1971), de Paul Newman, con Paul Newman, Henry Fonda, Lee Remick, Michael Sarrazin. Color. Scope. 114 minutos.

Sábado, 21.30 (**).

Dentro de la coherente carrera como director del actor Paul Newman, esta película —que en principio sólo protagonizaba y producía, pero también acaba dirigiendo por estar en desacuerdo con Richard A. Colla, el realizador previsto—, ocupa el último puesto, al no estar conseguida y no tener nada que ver con las restantes ni con la interesante novela de Ken Kesey en la que está basada.

Domingo 25

TVE-1 ■ SEIS DESTINOS

'Tales of Manhattan' (1942), de Julien Duvivier, con Henry Fonda, Rita Hayworth. Versión original subtitulada. 113 minutos.

Domingo, 1.05 (***).

A través del hilo conductor de un traje, el francés Julien Duvivier engarza seis historias diversas, pero con una similar ironía y un excelente reparto, que constituye la mejor película de su período norteamericano.

TVE-1 ■ AQUELLA NOCHE EN VARSOVIA

'Dangerous moon light' (1941), de Brian Desmond Hurst, con Anton Walbrook, Sally Gray. Versión original subtitulada. 95 minutos.

Domingo, 5.50 (**).

A partir de la historia del pianista polaco que escapa de los nazis y pierde la memoria, el ex documentalista británico Brian Desmond Hurst construye una típica producción de propaganda bélica de la II Guerra Mundial, que en su momento tuvo cierta popularidad gracias al *Concierto de Varsovia*, de Richard Addinsell, pero el paso del tiempo no le ha sentado nada bien.

TVE-1 ■ CINTIA

'Houseboat' (1958), de Melville Shavelson, con Cary Grant, Sophia Loren. Color. 108 minutos.

Domingo, 7.15 (**).

Artificial comedia sentimental sobre una viuda con tres hijos que descubre un nuevo amor, escrita y dirigida por el poco imaginativo Melville Shavelson, donde destaca la música de George Dunning. Es una de las películas menos interesantes de la actriz italiana Sophia Loren.

B: ¿Qué película vas a ver?
A: ....

B: ¿Cómo se llama en inglés?
A: ....

B: ¿Quién es el director?
A: ....

B: ¿Quiénes son los actores?
A: ....

B: ¿De qué año es?
A: ....

B: ¿Qué más información tienes?
A: ....

What more can you say about the film in English?

ACTIVIDAD 22

¿Por qué no vamos al cine?
Une las frases con los dibujos.
Escucha y comprueba.

ACTIVIDAD 23

Escucha estos anuncios de la radio sobre los espectáculos para el fin de semana.
Busca los mismos espectáculos en el folleto:

DIA 12

CONFERENCIAS

Inicio del Curso Monográfico sobre Arquitectura Veneciana a cargo de D. Federico Torralba.
1.ª Conferencia.
Hora: *20 h.*
Lugar: *Salón de Actos de la CAI, P.º Independencia, 10.*

Inicio del Curso de Conferencias sobre «Diagnóstico para comenzar el año». Conferencia sobre «la situación política», a cargo de Fernando Onega.
Hora: *20 h.*
Lugar: *Centro Pignatelli, P.º Constitución, 6.*

EXPOSICIONES

Exposición fotográfica de Marrie Bot.
Hora: *17 a 21 h.*
Lugar: *Galería Spectrum, c/ Concepción Arenal, 19-23.*

Exposición de fotografías de Carlos Dolader y Juan Aldabaldetrecu (Zaragoza). Inauguración
Hora: *18,30 a 21 h.*
Lugar: *Sala Municipal de Arte Joven, Avda. de Goya, 87-89.*
Exposición de Cristina Carré. Pintura.
Hora: *19 a 21 h.* **Lugar:** *Sala Torre Nueva, c/ Torre Nueva, 35.*
Exposición de Julio González. Escultura, pintura y dibujo. Inauguración.
Hora: *19 a 21 h.*
Lugar: *Centro de Exposiciones de la CAZAR, c/ San Ignacio de Loyola, 10.*

Exposición de pinturas de Joaquín Escuder
Hora: *10 a 13 y 17 a 21 h.*
Lugar: *Museo Pablo Gargallo, Plaza S. Felipe.*

Exposición sobre asiático: marfil, jade y coral.
Hora: *11 a 13 y 18 a 21 h.*
Lugar: *Sala de Arte Goya, Plaza del Pilar, 16.*

Exposición de Francisco Cortijo. Pinturas y dibujos.
Hora: *19 a 21 h.*
Lugar: *Sala Luzán, P.º Independencia, 10.*

DIA 10

TEATRO

Humor. Actuación de **Pepe Rubianes** con su espectáculo «Sin palabras»
Hora: *23 h.*
Lugar: *Teatro del Mercado, Plaza Sto. Domingo.***Nota:** *el domingo día 11 sesión a las 20 h.*

CINE

Proyección de la película «Límite 48 horas» de **Walter Hill,** con *Nick Nolte y Eddie Murphy.***Hora:** *19,30*
Entrada: *150 ptas.*
Lugar: *Colegio Mayor Universitario La Salle, c/ San Juan de la Cruz, 22.*
Nota: El domingo 11, igual programación.

DEPORTES

Nota: El domingo día 11 de enero, partido de Baloncesto entre los equipos C.N. Helios y R. Zaragoza.

Partido perteneciente a la Liga Nacional de 2.ª División Masculina.
Lugar: *Pabellón Deportivo de la Caja de Ahorros de Zaragoza Aragón y Rioja.*
Hora: *12,30 h.*

Partido de fútbol de la Liga Nacional Juvenil Grupo 2.º entre los equipos: *C.N. Helios y Michelín (San Sebastián).*
Para mayor información, C.N. Helios.

Exposición «Italiana 1950-1986». Pintura y escultura contemporánea italiana.
Exposición antológica de pintura y escultura contemporánea italiana. Se exponen obras de 47 artistas en una selección realizada por Achille Bonito Oliva.
Lugar: *Sala del Palacio de los Condes de Sástago, Coso, 44.*
Organiza: *Comisión de Cultura de la Diputación Provincial de Zaragoza.*

Exposición de pintura de Andrés Cillero. Inauguración.
Hora: *11 a 14 y 18 a 21 h.*
Lugar: *Sala Muriel, c/ Giménez Soler, 7.*

Exposición de Francisco Cortijo. Pinturas y dibujos.
Hora: *19 a 21 h.*
Lugar: *Sala Luzán, P.º Independencia, 10.*

Exposición de pintura de Andrés Cillero.
Hora: *11 a 14 y 18 a 21 h.*
Lugar: *Sala Muriel, c/ Giménez Soler, 7.*

DIA 13

Inauguración del salón **PRO-EXPORT.** Salón de apoyo a la exportación.
Lugar: *Feria de Muestras de Zaragoza, ctra. de Madrid.*

CONFERENCIAS

Curso monográfico sobre Arquitectura Veneciana a cargo de D. Federico Torralba.

2.ª Conferencia.
Hora: *20 h.*
Lugar: *Salón de Actos de la CAI, P.º Independencia, 10.*

Conferencia del ciclo «Diagnóstico para comenzar el año». Se tratará el tema de la «Situación religiosa» a cargo de **D. Manuel Unciti.**
Hora: *20 h.*
Lugar: *Centro Pignatelli, P.º Constitución, 6.*

EXPOSICIONES

Exposición fotográfica de Marrie Bot.
Hora: *17 a 21 h.*
Lugar: *Galería Spectrum, c/ Concepción Arenal, 19-23.*

Exposición de fotografías de Carlos Dolader y Juan Aldabaldetrecu (Zaragoza). Inauguración
Hora: *18,30 a 21 h.*
Lugar: *Sala Municipal de Arte Joven, Avda. de Goya, 87-89.*

Exposición de Cristina Carré. Pintura.
Hora: *19 a 21 h.*
Lugar: *Sala Torre Nueva, c/ Torre Nueva, 35.*

Exposición de Julio González. Escultura, pintura y dibujo. Inauguración.
Hora: *19 a 21 h.*
Lugar: *Centro de Exposiciones de la CAZAR, c/ San Ignacio de Loyola, 10.*

Exposición «Italiana 1950-1986». Pintura y escultura contemporánea italiana.
Exposición antológica de pintura y escultura contemporánea italiana. Se exponen obras de 47 artistas en una selección realizada por Achille Bonito Oliva.
Lugar: *Sala del Palacio de los Condes de Sástago, Coso, 44.*
Organiza: *Comisión de Cultura de la Diputación Provincial de Zaragoza.*

Exposición de pinturas de Joaquín Escuder
Hora: *10 a 13 y 17 a 21 h.*
Lugar: *Museo Pablo Gargallo, Plaza S. Felipe.*

Exposición sobre asiático: marfil, jade y coral.
Hora: *11 a 13 y 18 a 21 h.*
Lugar: *Sala de Arte Goya, Plaza del Pilar, 16.*

¿Quién es usted, amigo lector?

A C T I V I D A D 24

Rellena (*fill in*) el formulario.
Work with the whole group to collate the statistics of the questionnaire.

ENCUESTA

¿QUIEN ES USTED, AMIGO LECTOR?

Nos interesa conocer mejor los gustos, costumbres y preferencias de los 250.000 aficionados al cine y al vídeo que, según el Estudio General de Medios, nos leen cada mes.

Por ello, le rogamos conteste a este cuestionario. A partir de sus respuestas, podremos incorporar o modificar temas o secciones, y seguir así conectados de cerca con el interés del lector.

Entre quienes contesten a nuestra encuesta se sortearán quince libros de "Linterna mágica" de Ingmar Bergman, editada por Tusquets.

1.– ¿Cuántas veces va Ud. al cine?:

☐ Más de 2 × semana
☐ 2 × semana
☐ 1 × semana
☐ 3 × mes
☐ 2 × mes
☐ 1 × mes
☐ 6 × año
☐ Menos de 6 × año

2.– Prefiere Ud. las películas:

☐ Españolas
☐ Europeas
☐ Americanas
☐ Otras

3.– Prefiere las películas en versión:

☐ original con subtítulos
☐ doblada

4.– ¿Qué determina su elección?:

☐ Los actores
☐ Los directores
☐ Las críticas
☐ El boca a boca
☐ Otras (precisar...)

5.– Cite tres actores:
....
....
....

6.– Cite tres actrices:
....
....
....

7.– Cite tres directores:
....
....
....

8.– ¿Colecciona películas en vídeo?:

☐ SI
☐ NO

9.– ¿Cuántas tiene? ....

10.– ¿De dónde proceden?

☐ Grabadas de TV
☐ Compradas
☐ Otros

11.– De FOTOGRAMAS, ¿qué prefiere Ud? ....
....

12.– ¿Qué es lo que no le gusta? ....
....

13.– ¿Qué falta en FOTOGRAMAS? ....
....

14.– ¿Qué cambiaría Ud? ....
....

15.– Tiene Ud.:

☐ T.V.   ☐ Compact-disc
☐ Vídeo   ☐ Coche
☐ Cadena Hi-Fi   ☐ Moto

16.– Ud. lee:

☐ Un diario. ¿Cuál/cuáles? ....
☐ Un semanario. ¿Cuál/cuáles? ....
☐ Un mensual. ¿Cuál/cuáles? ....
☐ Otras revistas de cine/vídeo. ¿Cuál? ....

17.– ¿Utiliza las carátulas que facilita FOTOGRAMAS para su colección?

☐ SI
☐ NO

18.– ¿Qué opina de dichas carátulas? ....
....

Nombre ....
Dirección: ....
Ciudad: .... Código postal: ....
Edad: .... Profesión: ....

Vocabulario en casa: lugares de interés

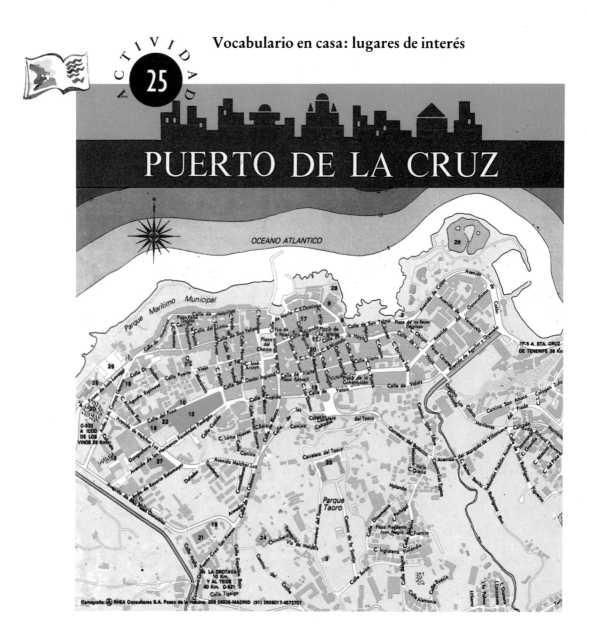

LUGARES DE INTERES

1. Iglesia de San Francisco
2. Ermita de San Telmo
3. Iglesia Anglicana
4. Castillo de San Felipe
5. Museo Municipal
6. Mirador
7. Universidad Popular
8. Instituto de Estudios Hispánicos de Canarias
9. Ayuntamiento
10. Correos
11. Oficina de Información al Turismo
12. Estación de Autobuses
13. Delegación de Hacienda
14. Juzgado
15. Policía Nacional
16. Cuartel Guardia Civil
17. Cruz Roja
18. Ambulatorio de la Seguridad Social
19. Clínica Tamaragua
20. Sanidad Local - Oficina de Ayuda al Consumidor
21. Mercado
22. Club de la Tercera Edad
23. Casino Parque Taoro
24. Plaza de Toros
25. Estadio Peñón
26. Piscina Olímpica Municipal
27. Polideportivo cubierto
28. Penitente
29. Lago
30. Cementerio

Gramática

VERBOS: **ser** y **estar** (*with qualifying or quality adjectives*)

Contraste: Pedro **es** simpático pero hoy **está** enfadado

estar *for changes of state (mood) and for how you feel (illnesses)*

estar + adverbio
Por ejemplo: estoy bien
                        regular
                        mal

VERBOS: **poder** = *to be able*
                   = *to be permitted*
       querer = *to want (would like)*
                   (for inviting)

ir a + infinitivo
(futuro)

Voy a cenar en un restaurante = *I'm going to eat in a restaurant.*

tener que + infinitivo

For advice:
Tienes que ir al médico.
*You should go to the doctor
(literally: you have to . . .)*

Me gustaría . . .	*I would like . . .*
¿Te gustaría . . . ?	*Would you like. . . ?*
¿Por qué?	*why?*
porque	*because*

conmigo	*with me*
contigo	*with you*
con él	*with him*
etc.	

Vocabulario para la próxima lección

Medios de transporte

el coche
el autobús
el tren
el avión
el autocar
la motocicleta (la moto)

el metro
la bicicleta
el barco

Ir **en** coche/avión/bicicleta
Ir **a** pie/caballo

Vocabulario

Verbos	*Verbs*
aceptar	*to accept (an invitation)*
apetecer (No me apetece)	*to feel like (I don't feel like it)*
aprender	*to learn*
cansarse (Me canso)	*to get tired (I'm getting tired)*
consultar	*to consult*
enamorarse (Me estoy enamorando)	*to fall in love (I'm falling in love)*
enfadarse	*to get angry*
negar	*to refuse (an invitation)*
olvidar	*to forget*
resfriarse	*to get a cold*
tocar	*to touch*

Adjetivos	*Adjectives*
cansado/a	*tired*
corto/a	*short*
desesperado/a	*desperate*
enfadado/a	*angry*
enfermo/a	*ill*
largo/a	*long*
ocupado/a	*busy*
(estar) resfriado/a	*to have a cold*
simpático/a	*nice, pleasant (person)*
tímido/a	*shy*

Espectáculos	*Entertainment*
concierto	*concert*
corrida	*a bullfight*
estadio	*stadium*
fiesta	*party, celebration*
obra (teatro)	*a play*
partido (de fútbol)	*(football) match*
sala (de actos)	*(concert) hall*

Películas	*Films*
una comedia	*a comedy*
una película cómica	*a funny film*
dibujos animados	*cartoons*
una policiaca	*a police thriller*
• protagonista (m/f)	*the hero, the protagonist*

Nombres	*Nouns*
antigüedad (f)	*old thing, antique, old building*
boda	*wedding*
consejo(s)	*advice*
corazón (m)	*heart*
felicidad (f) (feliz)	*happiness (happy)*
fiebre (f)	*a temperature, a fever*
folleto	*brochure*
lector (a)	*reader*
novio/a	*fiancé, fiancée, boy/ girlfriend*
pañuelo	*handkerchief*

Expresiones útiles	*Useful expressions*
¿Cómo estás?	*How are you?*
¿Qué tal?	*How are you?, How are things?*
Lo siento	*I'm sorry*
además	*besides*
entonces	*then, so*
Vale	*OK, that's enough, agreed, etc.*
¡Estupendo!	*Great!, Fantastic!*
¡Claro!	*Of course*
¡Felicidades!	*Wishing you happiness*
¡Enhorabuena!	*Congratulations!*

diez

¿A dónde vamos?

> Transport:
>   Buying tickets
>   Enquiring about departure/
>   arrival times
>   Describing facilities
>
> Holidays:
>   Making plans, discussing
>   intentions
>   Describing holiday resorts

A Un billete de ida y vuelta por favor

ACTIVIDAD 1

María compra un billete de tren para Santander en la estación de Chamartín en Madrid.

María   Quiero un billete de ida y vuelta para Santander, por favor, para mañana muy temprano.

Empleado   ¿En el Electrotrén?

María   ¿Es el más rápido?

Empleado   El Talgo es más rápido pero sale más tarde.

María   Bien. El Electrotrén. ¿A qué hora sale?

Empleado   A . . . .

María   ¿Y a qué hora llega?

Empleado   A . . . .

> **¡Atención!**
>
> un billete de ida y vuelta = *a return ticket*
>
> un billete de ida/un billete sencillo = *a single ticket*
>
> RENFE = Red Nacional de Ferrocarriles Españoles

María	De acuerdo.
Empleado	¿De . . . . . . clase?
María	Sí. No fumador. ¿Puedo reservar la vuelta?
Empleado	Sí. ¿Qué día vuelve?
María	El . . . . . . por la tarde.
Empleado	De acuerdo. Son . . . . . . pesetas. Aquí tiene el billete.
María	Muchas gracias.
Empleado	A usted.

1 Escucha y completa la información.
2 ¿Por qué va en el Electrotrén?
3 ¿Reserva un asiento de ida sólo?
4 ¿Cuánto vale el billete?
5 ¿Tiene reserva?

Un billete de tren

Comprueba la información en el billete.
Hay más información en el billete. ¿Qué información es?
Hay dos errores en el billete. ¿Cuáles son?

71	N.° C 498335		BILLETE + RESERVA	EL	001 APPE0114

RENFE
C.I.F. G-28016749
011413800092 31113

18/05/89 13:54

DE	→ A	CLASE	FECHA	HORA SALIDA	TIPO DE TREN	COCHE	N.º PLAZA	DEPARTAMENTO	N.º TREN
MCHAMARTIN	SANTANDER	2	29.05	08.00	ELECTRO	0121	043P	FUMADOR	00203
	HORA DE LLEGADA-->: 13.55						CLIMATIZ.		

Tarifa 005 RESERVA DE PLAZA
Forma de pago CHEQUETREN 00855113 00000000 Pesetas ****1875ðð

Incluido S.O.V. e I.V.A.

PROHIBIDO FUMAR FUERA DE LA ZONA RESERVADA CONSÉRVESE HASTA EL FINAL DEL VIAJE

Los trenes de la RENFE (Red Nacional de Ferrocarriles Españoles)

Lee:

Hay muchas clases de trenes en la RENFE. Los más rápidos son el Talgo y el TER. Estos trenes viajan entre las ciudades principales de España y son muy cómodos y rápidos.
El Talgo es el tren más rápido pero es el más caro. Es el

más cómodo y además tiene video. El tren que se llama Rápido también hace largos recorridos pero para en más estaciones y es menos cómodo. Además es más lento, pero es más barato.

El Electrotrén es tan cómodo como el Talgo pero está dividido en compartimientos; también es muy rápido.

Los trenes de cercanías son los Tranvías y los Ferrobuses.

> **¡Atención!**
>
> | | | |
> |---|---|---|
> | Largo recorrido | = | *Long distance* |
> | Cercanías | = | *Local (short distance)* |

ACTIVIDAD 4

Comparativos

El Talgo es **más** rápido **que** el Tranvía.
El TER es **más** cómodo **que** el Ferrobús.

El Ferrobús es **menos** rápido **que** el TER.
El Tranvía es **menos** cómodo **que** el Talgo.

El Electrotrén es **tan** cómodo **como** el Talgo.

Superlativos

El Talgo es **el** tren **más** rápido **de** la RENFE.

ACTIVIDAD 5

Estudiante A: esta página
Estudiante B: página 231

Estudiante A: 1 Mira los detalles. Quieres un billete.

Estudiante B te pregunta lo que quieres.

¿Dónde?	Sevilla
¿Cuándo?	25/7
¿Ida y vuelta?	Sí

Pregunta a Estudiante B y completa los detalles.

Hora de salida	. . . . . .
Hora de llegada	. . . . . .
Precio	. . . . . .
Tipo de tren	. . . . . .

2 Tienes un billete.
Pregunta a Estudiante B adónde quiere ir, cuándo quiere ir, y si quiere ida y vuelta.
Estudiante B necesita la información del billete.
Explica.

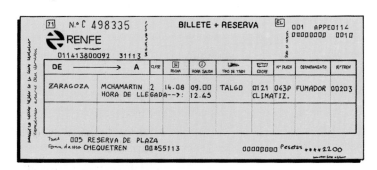

ACTIVIDAD 6

Estudia estos billetes.

1 ¿Cuál es el medio de transporte de cada billete?
2 ¿Qué más información hay en cada billete?

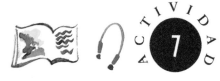

Lee el texto y mira los dibujos.

El billete o bono-bus se guarda durante todo el trayecto a disposición de los inspectores.

Los niños deberán viajar con billete o bono-bus a partir de los cuatro años de edad.

No se debe fumar en el interior de los autobuses.

Si el bono-bus se utiliza por más de una persona debe quedar en posesión de la última que abandone el bus.

Ya disponemos de autobuses con aire acondicionado.

El conductor-perceptor puede cambiar billetes de hasta 500 pesetas.

El autobús es el sistema de transporte más barato en la ciudad.

Viajando en autobús contribuimos a crear un tráfico más fluido en la ciudad.

Sí o No

1 "Yo tengo cinco años. No tengo que pagar en el autobús."
2 "Tienes que guardar (*keep*) el billete durante todo el viaje."
3 "Sólo puedes fumar en una parte del autobús."
4 "Dos personas pueden utilizar el mismo (*the same*) bonobús."
5 "No hay autobuses con aire acondicionado."
6 "Sólo tengo un billete de 2000 pesetas. No puedo viajar en el autobús."
7 "Es barato viajar en autobús."
8 "Viajar en coche por la ciudad es más rápido que en autobús."

Escucha y comprueba.

Anuncios de tren

Escucha cada anuncio y contesta:
1 ¿A dónde va el tren?
2 ¿De qué vía sale?
3 ¿Qué tipo de tren es?
4 ¿Más información?

Estudiante A: esta página
Estudiante B: página 232

1 **Estudiante A:** Tienes que completar la información para el horario de trenes. Necesitas el tipo de tren, la hora de salida y la hora de llegada. Pregunta a Estudiante B.

Ejemplo: ¿A qué hora sale el tren que llega a las 17′39? etc.

ZARAGOZA

	SALIDA	LLEGADA
EXPRESO (1)	3'49	6'03
		6'44
INTERURBANO	7'30	
AUTOMOTOR	12'02	14'29
INTERURBANO	12'30	15'15
	13'07	
		16'40
INTERURBANO	16'15	18'09
ELECTROTREN	16'20	
ELECTROTREN	17'16	
EXPRESO		23'57
	00'56	3'30

(1) Circula del 7-VII al 10-IX

LOGROÑO

ZARAGOZA

	SALIDA	LLEGADA
EXPRESO	3'20	5'43
EXPRESO	4'20	6'27
INTERURBANO	6'10	8'40
INTERURBANO (1)	8'00	11'18
ELECTROTREN	11'13	13'05
INTERURBANO	12'35	15'27
AUTOMOTOR	14'50	17'15
EXPRESO	15'30	17'39
ELECTROTREN	16'36	18'33
INTERURBANO (2)	17'30	20'26

(1) Cambio en Castejón solo días laborables.
(2) Cambio en Castejón.

Horarios hasta el 24 - 9 - 88

RENFE

PAMPLONA

2 Ahora tú tienes todos los detalles. Estudiante B te pregunta.

B El futuro

visitaré	comeré	iré
ás	ás	ás
á	á	á
emos	emos	emos
éis	éis	éis
án	án	án

Note: the endings of all three verb types are similar and are formed from the infinitive.

¡Atención!

voy a visitar Argentina
visitaré Argentina } = *I'm going to visit/I will visit Argentina*

These are interchangeable. There is not the same difference in meaning as there is in English. For further explanation see Grammar section.

Lee la carta de Vicky a su amigo.

¡Hola, Pepe!
    Llegaré a Madrid el 4 de abril. ¿Vas a recogerme en el aeropuerto? Si no puedes, iré a Córdoba en tren. Estaré allí hasta el viernes y entonces iré a Granada en autocar. Voy a quedarme en casa de Montse.
    El sábado por la mañana iremos al mercado y a mediodia comeremos en el Albaicín. Por la tarde vamos al cine y por la noche seguramente iremos de tapas. El domingo queremos ir a la Sierra, ¿crees que todavía habrá nieve?

o también podremos ir a la playa si no hace mucho frío.
    Durante la semana creo que visitaré a los amigos. Estaré allí hasta el lunes. Después volveré a Córdoba y me quedaré con mi familia hasta el fin de semana. Llegaré a Londres el día diecisiete.
    ¡Ah! Se me olvidaba ¿me invitarás a comer en el restaurante chino, ¿no?

Hasta pronto

Vicky

¡Atención!

sí = *yes*

si = *if*

Busca esta información:

1 El nombre de la ciudad adonde irá.
2 Los nombres de dos ciudades más. ¿Por qué las menciona?
3 Si Pepe irá a buscarla.
4 Qué harán el sábado por la mañana.
5 Qué harán el sábado por la noche.
6 Si irán a la playa.
7 Si sus amigos viven en Córdoba.
8 Dónde vive.
9 Dónde estarán sus padres.
10 Si le gusta la comida china.

Busca los verbos en el futuro.
Hay un verbo irregular.
¿Cuál? ¿Cómo se forma?

ACTIVIDAD 12

Rosa habla de sus vacaciones en Formigal, una estación de esquí (*a ski resort*).

1 Uno de los dibujos no se menciona. ¿Cuál?

2 Sí o No
  a   No esquía mucho.
  b   Va en autocar porque es más barato que el tren.
  c   Pasarán las noches en un hotel.
  d   Comerán en sitios baratos porque no tienen dinero.

Estudiante A: esta página
Estudiante B: página 233

Estudiante A: Tienes el anuncio de un servicio de autocar a la estación de esquí que se llama Formigal. Estudiante B tiene la información de lo que ofrece la estación de esquí en Formigal.

1 Estudiante B te preguntará sobre (*about*) la información del viaje. Contesta.
2 Pregunta a Estudiante B . . .
   . . . si hay cursos de esquí y el precio
   . . . cómo ir a las pistas de esquí
   . . . actividades para después de esquiar
   . . . otros servicios
   . . . precio para niños
   . . . más información.

Escribe la información.
Comprueba con Estudiante B.

C Verbos irregulares en el futuro

ACTIVIDAD 14

hacer haré/harás/hará/haremos/haréis/harán

Ejemplo: ¿Qué harás el fin de semana?

poder podré/podrás/podrá/podremos/podréis/podrán
salir saldré/saldrás/saldrá/saldremos/saldréis/saldrán
venir vendré/vendrás/vendrá/vendremos/vendréis/
  vendrán
tener tendré/tendrás/tendrá/tendremos/tendréis/tendrán

ACTIVIDAD 15

Pregunta a tus compañeros:

¿Qué harás . . .
. . . mañana?
. . . este fin de semana?
. . . el año que viene (*next year, literally: the year that comes*)?
. . . el año próximo?

Report back to the class.

ACTIVIDAD 16

Trabaja en grupos de tres.

Estudiante A: esta página   **Estudiante C:** página 236

Estudiante B: página 234

Problema: Organizar una reunión (*a meeting*) entre los tres.

Ejemplo:

A: ¿Estarás libre el martes por la mañana?

B: Si, estaré libre

C: No estaré libre. Tengo clase por la mañana.

	Mañana.	Tarde.
1 S		
2 D		
3 L	11 Clase de inglés	Clases toda la tarde
4 M		7 Fútbol - tV -
5 Mi	Clase-toda la Mañana	6·30 Cuidar - Miguel
6 J	Al Museo-Con mi Clase	
7 U		4 - A la Montaña

¿A dónde vamos de vacaciones?
Une las frases con las imágenes.

¡Atención!

Me interesaría = *I would be interested in* . . .

Me encantaría = *I would love to* . . .

Yo prefiero tomar el sol y no hacer nada.

A mí me interesaría ver edificios antiguos.

A mí me encantaría ir a una gran ciudad para ir de compras y a las discotecas.

Yo quiero ir a las montañas Es más sano.

Escribe las frases:

Luis quiere ir a . . .

Juan quiere ir a . . .

Ana quiere ir a . . .

María quiere ir a . . .

Trabaja en grupos de tres o cuatro.
Cada miembro del grupo elige un lugar (*place*).
Piensa en las ventajas y desventajas.
Elegid (*choose*) un lugar para ir todos juntos (*together*).

Escribe tus planes para las vacaciones.
¿A dónde irás?
¿Cómo irás?
¿Dónde dormirás?
¿Qué harás?

Escribe toda la información.

Trabaja en un grupo de cuatro. Decide quién tiene los planes más interesantes.

EN CASA O EN CLASE

ACTIVIDAD 20

Mira las fotos del folleto Vacaciones IBERIAMERICA.

1 ¿Cuáles son las vacaciones más caras?
2 ¿El precio incluye el viaje del aeropuerto a la ciudad?
3 ¿El precio incluye el hotel?
4 ¿El precio incluye excursiones?
5 ¿Qué información hay en las fotos?
6 ¿Qué harás/verás en Panamá?
  Cuba?
  Perú?
  Brasil?
  Ecuador?
  Guatemala?

Ecuador
15 días desde 376.100 Ptas.*

*Incluye alojamiento, traslados ciudad/aeropuerto y visitas a Caracas, Bogotá, Cartagena de Indias, Quito y 4 noches en pensión completa en el "Flotel" Orellana. GAT 848.

Panamá
9 días desde 177.750 Ptas.*

* Incluye alojamiento, visita de dos días a la Isla Contadora y traslados ciudad/aeropuerto. GAT 8.

Perú
9 días desde 235.000 Ptas.*

* Incluye alojamiento, traslados ciudad/aeropuerto y visita a Lima, Cuzco y Machu Picchu con almuerzo incluido. GAT 8.

Brasil
10 días desde 149.300 Ptas.*

* alojamiento, desayuno, traslados ciudad/aeropuerto y visita
GAT 8.

Cuba
10 días desde 104.350 Ptas.*

* Incluye alojamiento, desayuno y visitas a La Habana, Varadero y Santa María del Mar. GAT 711.

Guatemala
9 días desde 187.000 Ptas.*

* Incluye alojamiento, traslados ciudad/aeropuerto y excursiones a Tikal (almuerzo incluido), Antigua, Atitlán, Chichicastenango y Guatemala. GAT 175.

Lee el texto del mismo folleto.

Añade (*add*) más información para cada país.

Ejemplo:

En Panamá iré a la playa.

Panamá tiene playas bonitas.

Este año, no se limite a envidiar las vacaciones de otros. Salga Vd. en la foto.

En Iberiamérica, sólo tiene que elegir el marco de sus sueños.

¿Le gustaría, quizás, verse en las doradas arenas de una playa tropical, saboreando una "Piña Colada"?

Iberiamérica le ofrece las playas de Panamá, Costa Rica, Venezuela...

O, si prefiere que sean las de una isla, tenemos las de Cuba, Puerto Rico, República Dominicana, Curaçao...

Si, en vez de playas, quiere en sus fotos un fondo de ruinas precolombinas, la elección, una vez más, es lo único difícil.

Porque le espera el Machu Picchu en Perú, el Templo del Sol de Teotihuacán en México, los colosales monumentos de la Isla de Pascua en Chile...

Y a pocas horas de los restos de antiguas civilizaciones, el vertiginoso crecimiento de la nuevas: Nueva York, Montreal, Ciudad México, Rio, Santiago, Buenos Aires...

Si quiere las cataratas más grandes del mundo, le llevaremos a las

del Niágara. O a la caida de agua más alta, la del Salto del Angel, en plena selva venezolana.

Iberiamérica le ofrece también volcanes como el Chimborazo, en Ecuador, o el Tajumulco, en Guatemala...

Balnearios como los de Acapulco en México, Punta del Este en Uruguay, Contadora en Panamá, Miami en Estados Unidos...

Museos como el Museo del Oro, en Bogotá, o el Guggenheim en Nueva York. Selvas como las de Canaima en Venezuela o el Matto Grosso en Brasil.

Mundos de ensueño como Disneyworld o Epcot Center en Miami.

Y si lo suyo es ir de compras, puede escoger entre los típicos mercados indígenas de Quito en Ecuador, la Zona Franca de Colón en

Panamá o las rutilantes tiendas de la Quinta Avenida neoyorquina. Y todo eso, a su alcance.

Porque tenemos para Vd. numerosos viajes "todo incluido".

Este año, sus pesetas le llevarán muy lejos.

Lee el itinerario de un viaje y escribe un texto en forma de carta. Utiliza el futuro.

Empieza:

El primer día saldremos en avión a Miami. Llegaremos al hotel.

El segundo día iremos a México en vuelo regular.

Continúa.

Itinerario

COMBINADO MEXICO-TAXCO-ACAPULCO

Día 1.º ESPAÑA/MIAMI
Salida desde la ciudad de origen en avión de línea regular con destino a Miami. Llegada y alojamiento.

Día 2.º MIAMI/MEXICO
Por la mañana salida en vuelo regular a México, a la llegada asistencia y traslado al hotel. Alojamiento.

Días 3.º y 4.º MEXICO D.F.
Días libres a disposición durante los cuales se podrán realizar visitas y/o excursiones opcionales. Estancia en el hotel en régimen de alojamiento y desayuno.

Día 5.º MEXICO DF/CUERNAVACA/TAXCO
Después del desayuno salida en autocar hacia Cuernavaca. Llegada, tiempo libre para un pequeño tour de orientación y seguidamente almuerzo. Por la tarde continuación hasta Taxco. A la llegada se efectuará una visita de la ciudad con tiempo libre para compras. Cena y alojamiento en el hotel.

Día 6.º TAXCO/ACAPULCO
Salida después del desayuno a Acapulco. Llegada a mediodía. Instalación en el hotel. Alojamiento.

Día 7.º ACAPULCO
Días libres a disposición, durante los cuales se podrá disfrutar de sus playas y del ambiente típicamente cosmopolita de esta ciudad. Recomendamos no dejen de presenciar el espectáculo de los Clavadistas de la Quebrada, con sus siempre impresionantes saltos en picado al mar. Estancia en el hotel en régimen de alojamiento y desayuno.

Día 8.º ACAPULCO/MEXICO D.F.
Desayuno en el hotel. A una hora previamente concertada, traslado al aeropuerto. Salida en vuelo de línea regular en viaje de regreso a México D.F. A la llegada recepción y traslado al hotel. Alojamiento.

Día 9.º MEXICO/ESPAÑA
Día libre a disposición durante el cual podrán efectuar sus últimas compras. Por la tarde a última hora, traslado al aeropuerto. Salida en vuelo de regreso a España. Noche a bordo.

Vocabulario en casa

ir de vacaciones	*to go on holiday*
una agencia de viajes	*travel agency*
un crucero	*a cruise*
una excursión	*a trip/ excursion*
un viaje organizado	*a package holiday*
un itinerario	*an itinerary*
la temporada extra	*peak season*
alta	*high season*
media	*mid season*
baja	*low season*

un folleto	*a brochure*
un mapa	*a map*
un plano	*a plan*
un horario de trenes	*a train timetable*
el precio	*the price*
un suplemento	*a supplement*
un descuento	*a discount*
el seguro	*travel insurance*

Gramática

EL FUTURO

Verbos regulares:

visitaré **-ás -á -emos -éis -án**
volveré
iré

Formed by the infinitive + the same endings for all verb types.

Irregulares:

poder = podré
tener = tendré
salir = saldré
venir = vendré
hacer = haré

Hay: habrá = *there will be*

COMPARATIVOS:

más ... que
menos ... que
tan. . . . como

El Talgo es **más** rápido **que** el Rápido.
El Rápido es **menos** rápido **que** el Talgo.
El Electrotrén es **tan** cómodo **como** el Talgo.

SUPERLATIVOS:

el más …
El Talgo es **el** tren **más** caro de la RENFE.

Vocabulario para la próxima lección

CUALQUIER ESTACION ES BUENA PARA VIAJAR EN TREN.

¡Atención!

una estación = *a railway station*
            = *a season*

Las estaciones:

el verano
el invierno
la primavera
el otoño

Une las estaciones con los dibujos.

el sol

la nube

la nieve

el cielo

la lluvia

Vocabulario

Verbos	*Verbs*
guardar	*to keep*
mencionar	*to mention*
montar (a caballo)	*to ride (a horse)*
navegar	*to sail*
tomar el sol	*to sunbathe*
viajar	*to travel*

Adjetivos	*Adjectives*
agradable	*pleasant*
cómodo/a	*comfortable*
interesante	*interesting*
lento/a	*slow*
libre (un día libre)	*free (a free day, a day off)*
rápido/a	*fast*
sano/a	*healthy*

Adverbios	*Adverbs*
tarde	*late*
temprano	*early*

Nombres	*Nouns*
aire libre (m)	*open air*
asiento	*seat*

billete (m)	*ticket*
caballo	*horse*
clase (f)	*type, make*
compras	*shopping*
desventaja	*disadvantage*
disfraz (disfraces) (m)	*fancy dress, disguise*
edificio	*a building*
fumador (m)	*smoker (smoking car in train)*
ida	*outward journey*
ida y vuelta	*return ticket*
itinerario	*itinerary*
llegada	*arrival*
lugar (m)	*place, spot*
método	*method*
pensionista (m/f)	*pensioner*
salida	*departure*
tarjeta de crédito	*credit card*
turista (m/f)	*tourist*
ventaja	*advantage*
vuelta	*return journey*

Expresiones útiles	*Useful expressions*
de acuerdo	*agreed, OK, right you are*

once

¿ Qué tiempo hace ?

> The weather
> Seasons, months
> Exclamations
> Requests
>
> Describing your state: thirsty,
> hungry, cold etc.
> Telephone language

A El tiempo I

Juan	Dígame
Rosa	¿Está Juan?
Juan	Sí, soy yo. ¿Quién es?
Rosa	Soy Rosa.
Juan	¡Hola Rosa! ¿Qué tal?
Rosa	Muy bien. ¡Estupendo! ¿Y tú? ¿Qué haces?
Juan	Pues, regular. Tengo mucho trabajo y hace mal tiempo. Mira, en este momento estoy trabajando y . . .
Rosa	¡Qué pena! Aquí hace calor y mucho sol. Hace muy buen tiempo.
Juan	¡Qué suerte! Aquí llueve todos los días y hace frío. Está lloviendo ahora mismo. ¿Y qué haces?
Rosa	Pues voy a la playa todos los días. Esto es fantástico. Ahora estoy tomando el sol y después voy a cenar a un restaurante con unos amigos.

Preguntas:
1 ¿Quién está de vacaciones?
2 ¿Qué tiempo hace donde está Juan?
3 ¿Qué tiempo hace donde está Rosa?
4 ¿Dónde está Juan?
5 ¿Dónde está Rosa?

¡Atención!

¡Qué pena!   =   *What a pity!*

¡Qué suerte!   =   *What luck!*

ACTIVIDAD 2

¿Qué tiempo hace? (*What's the weather like?*)

Hace buen tiempo
El tiempo es bueno

Hace mal tiempo
El tiempo es malo

¡Atención!

¡Qué calor! = *It's so hot! (literally: What heat!)*

¡Qué frío! = *It's so cold!*

1 Hace sol   2 Hace calor   3 Hace frío

4 Hace viento

5 Llueve
(llover = *to rain*)

6 Nieva
(nevar = *to snow*)

el sol
el calor
el frío
el viento
la lluvia
la nieve
la tormenta

7 Hay niebla   8 Hay tormenta

ACTIVIDAD 3

Une los dibujos a las frases:

1 Hace mucho calor, ¿verdad?
2 Hay mucha nieve ¿verdad?
3 Hace mucho viento hoy
4 Hay mucha niebla
5 ¡Qué frío hace!

A C T I V I D A D **4**

Lee estas tres postales.
Cada postal describe una estación del año: el verano, el invierno, la primavera o el otoño. ¿Qué postal habla de qué estación?

Querida mamá:
Estamos pasando unos días estupendos porque hace un tiempo muy bueno. Hace mucho sol, pero también hay mucha nieve así que estamos todo el día en la montaña.

Hasta el domingo.

Besos de
Rosa Mª

Sra Dña.

Rosa Yuste
C/ Molina nº 28-6ºC

Cuenca

Nº 49 CANFRANC - PIRINEO ARAGONES
RIO SETA-ESCUELA MILITAR DE MONTAÑA
PICOS DEL AGUILA-GARGANTA DE AISA Y ASPE.

Querida Marta:
¿Qué tal estás? Espero que bien. Llevamos una semana aquí y el tiempo es muy malo. Es una pena. Hace calor pero no para de llover y no puedo salir de casa.
Tengo ganas de volver a España para ir a la playa.

Besos:
Noelia

Marta Laguna
c/ Monasterio de Poblet
Nº 46, 3º 12ª.
50.008 - Zaragoza
SPAIN

P.4. Castell Rhaglan, Gwent.
Llun o'r awyr.

Raglan Castle, Gwent.
Air view.

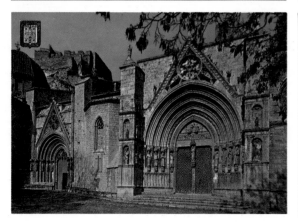

Querida Ana,
Estoy pasándolo muy bien en las fiestas pero hace mucho viento y llueve. Menos mal que no hace frío todavía.
Hasta pronto,
Escríbeme
Besos
José.

Nº 2 MORELLA
Iglesia Arciprestal
Église Archiprêtre
Archpriest Church

La postal de la amistad
La carte postale de l'amitié
The friendship post card
Die freundschaftskarte
O postal de amizade

Sr José Ezquerra
C/ Verónica 1-5º-D

Castellón

Ediciones - Piqué, 4 - Barcelona

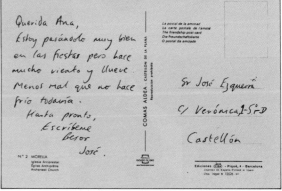

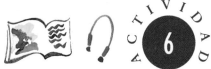

ACTIVIDAD 5

Escribe una postal a un amigo. Describe el tiempo ahora.
¿Qué tiempo hace?
o
Escribe la postal con estos detalles:
Tiempo horrible/frío/lluvia/viento/niebla. Mañana: nieve
pero sol.
Inventa otra postal.

ACTIVIDAD 6

Lee estos datos del clima de Aragón, una región de
España.

ARAGON es una tierra a la vez diversa y unitaria. Por eso, presenta una oferta de OCIO capaz de satisfacer a cualquier persona, sea cual sea la forma de esparcimiento que prefiera: Le guste a vd. lo que le guste ARAGON se lo puede ofrecer.

El clima en ARAGON es, durante el año, deliciosamente perfecto:

• La PRIMAVERA, con muy buenas temperaturas, invita por ejemplo, a los paseos por las sierras aragonesas.

• El VERANO conjuga el sol y el calor propios de la mañana durante el día y las temperaturas frescas de la montaña durante la noche que permiten descansar a placer, o disfrutar de la multitud de fiestas populares que se celebran, sin agobios.

• El OTOÑO es una estación privilegiada en ARAGON. Con una climatología suave y agradable, y una riqueza cromática en nuestros bosques excepcional. Ideal para pasear por ellos, o recoger las preciadas setas.

• En INVIERNO, ARAGON ofrece la posibilidad del esquí. Abundancia de nieve y sol, convierten el esquí en ARAGON en una experiencia irrepetible.

Gracias a este clima, las posibilidades deportivas al aire libre en ARAGON son totales: todos los deportes acuáticos son practicables en ríos, o en numerosos embalses acondicionados al efecto; el esquí, de fondo, alpino o de travesía, encuentra en ARAGON un marco ideal; el montañismo, puede ser practicado al nivel que se desee; la equitación; todos los deportes de pista...

SITUACION DE ARAGON EN EUROPA

ARAGON POR TODOS LOS CAMINOS

MAPA TURISTIC de ARAGON

Ahora escucha a una persona que habla del clima en la
misma región.
¿Coincide o no coincide?

Compara:

	el texto	el cassette	¿coinciden?
la primavera			
el verano			
el otoño			
el invierno			

Habla del clima en tu región o en una región de tu país que conoces. Trabaja con un compañero. Describe el tiempo de una estación sin decir (*without saying*) cuál. Tu compañero tiene que adivinar (*guess*) qué estación describes.

el invierno
la primavera
el verano
el otoño

B El tiempo 2

Estudia los símbolos del tiempo de un mapa.

☼ Sol	Tormenta	↗ Viento
☁ Cubierto	Granizo	— Mar llana
Variable	✳ Nieve	Marejadilla
Chubasco	Neblina	Marejada
Lluvia	Niebla	Mar gruesa
▲▲▲▲▲ Frente frío	▲▲▲▲▲ Frente cálido	▲▲▲▲ Frente ocluido

Mira los mapas del tiempo de un periódico. Estudia los símbolos.
Los mapas son de dos días diferentes.

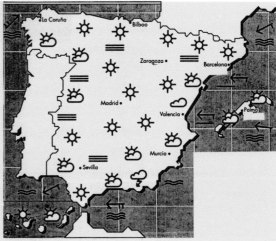

Escucha la primera parte (la previsión del tiempo).
¿Qué mapa describe?
Ahora escucha la segunda parte. Indica las temperaturas en el mapa. ¿Qué estación es?

Estudiante A: esta página

Estudiante B: página 234

Estudiante A: tienes dos mapas del tiempo. Estudiante B te pide (*asks you for*) información del mapa B. Tú pides información a Estudiante B del mapa A.

Preguntas: ¿Qué tiempo hace en . . . . . .?

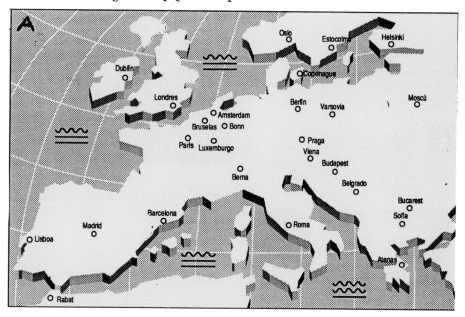

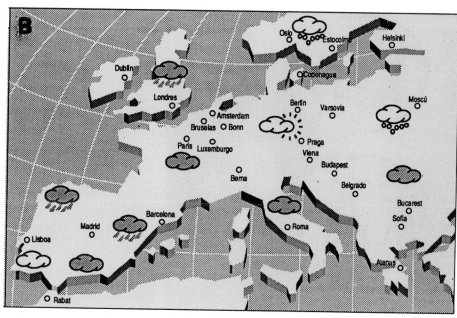

ACTIVIDAD 10

Tengo frío.　　　　　Tengo calor.

¡Atención!

Tengo sed = I am thirsty
Tengo sueño = I am tired
Tengo hambre = I am hungry

C Por teléfono

Escucha y ordena la conversación:

ACTIVIDAD 11

¿Está Ana?

Soy María

Dígame

Sí, Soy yo. ¿Quién es?

Escucha las conversaciones telefónicas e indica de qué hablan.

	tiempo	salud	trabajo	invitación	amigos	casa	vacaciones
1							
2							
3							

Estudiante A: esta página

Estudiante B: página 235

Estudiante A: 1 Llama a B y habla del tiempo. Invítalo/la al cine.
2 Estudiante B te llama. Contesta: habla de tus próximas vacaciones, de tu nuevo/a amigo/a, y de más cosas.
3 Inventa más conversaciones.

¿Qué decimos cuando alguien llama?
Escucha las llamadas. Mira las respuestas:

1 No está

2 Un momento, ahora se pone

3 Sí, soy yo

4 No es aquí

¡Atención!

No está   = He/she isn't here
No es aquí = Wrong number (literally: It isn't here)

ACTIVIDAD 15

¿Cómo terminan las conversaciones de la Actividad 14?
Indica el número de cada conversación.

Perdone.
Gracias.
Soy Luis. Llamaré más tarde.
Hola, soy Pedro.

Escucha las conversaciones enteras y comprueba.
Practica con un compañero.

ACTIVIDAD 16

¿Qué dice Elena Sanchez del teléfono?

Elena Sanchez

"La gente tiene que pensar más a la hora de facilitar el teléfono. Hay gente que no piensa en las molestias que puede causar el teléfono. Reconozco que no podemos vivir sin él, pero hay veces que no me gusta nada. Yo ahora no sufro agresiones telefónicas, pero antes sí. Hay gente que se pone muy violenta por teléfono y te insulta o amenaza. A veces busco un lugar sin teléfono para estar incomunicada. Es una sensación bastante buena."

Sí o no
1 Elena Sanchez piensa que el teléfono es necesario.
2 Tiene que estar cerca de un teléfono siempre.
3 Le gusta estar en un sitio donde no hay teléfono.
4 Es importante considerar si la llamada es necesaria antes de llamar.
5 Ella sufre muchas llamadas agresivas ahora.

D ¿Qué estás haciendo?

ACTIVIDAD 17

A: ¿Qué hace Javier?

B: Está escribiendo una carta.

A: ¿Qué estás haciendo?

B: Estoy comiendo.

¡Atención!

¿Qué haces?
= *What do you do?*
= *What are you doing?*

¿Qué estás haciendo?
= *What are you doing (now)?*

(*They are often interchangeable. See Grammar section.*)

A: ¿Qué estáis haciendo?

B: Estamos trabajando.

Estoy		trabaj**ando**	com**iendo**	escrib**iendo**
Estás				
Está	+			
Estamos				
Estáis				
Están				

18

Une los dibujos con los diálogos (1–5).

Escucha otra vez.
Atención a estas expresiones:

1 ¿Puedes llamar más tarde?
2 ¿Puedes llamar luego?
3 Llamaré más tarde/Llamaré luego.
4 ¿Te puede llamar más tarde?

What do they mean in English?

Rosa   ¿Javier, ¿qué haces?

Javier   Estoy estudiando. Tengo un examen mañana.

Rosa   ¿De qué es el examen?

Javier   De física.

Rosa   ¿Qué carrera estás estudiando?

Javier   Estoy estudiando quinto curso de Geológicas.

Rosa   ¿Es muy difícil?

Javier   Sí, sí, es muy difícil.

Rosa   Pero, ¿te gusta?

Javier   Sí, me gusta mucho.

¡Atención!

Estoy estudiando (en este momento)

a   Estoy estudiando geología (en la universidad)

b   Estudio geología (en la universidad)

a *and* b *mean the same.*

Lee la carta y escribe la frase adecuada para cada dibujo.

¡Atención!

Estoy bañándome = *I am bathing*

(*For position of pronouns see Grammar section.*)

Estamos pasándolo muy bien = *We are having a good time*

(*For uses of -lo see Grammar section.*)

Greixell, 25 de Agosto

Querido amigo:

¿Qué tal? Estamos pasando dos semanas en un chalet al lado de la playa. Esto es estupendo. Ahora Antonio está leyendo y la niña está durmiendo. Yo estoy tomando el sol y bañándome. Todos los días vamos a cenar al restaurante. El problema es que estoy comiendo demasiado. Vamos a la discoteca cada noche y generalmente voy a la cama muy tarde y duermo por las mañanas. Estamos pasándolo muy bien. ¡Esto es vida!

Hasta pronto

Rosa

1

2   La niña está durmiendo*   (dormir = *to sleep*)

3

4

5

6

7

Escribe una carta contestando la carta en la Actividad 20.
Si prefieres, utiliza las imágenes.

ACTIVIDAD

21

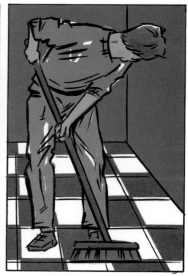

ACTIVIDAD 22

Mimo (*mime*)

Cada estudiante elige una acción y la mima para el grupo.
El grupo tiene que adivinar (*guess*) la acción.

Ejemplo: Estás viendo la televisión
trabajando en el jardín
conduciendo el coche

EN CASA O EN CLASE

ACTIVIDAD 23

Teléfonos Góndola

Mira el anuncio para Teléfonos Góndola.

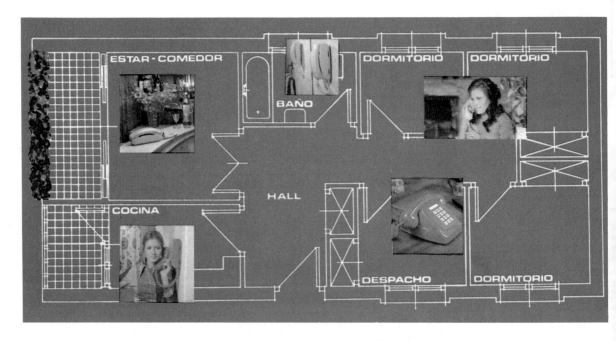

¿Desde dónde llamas si …
1 estás bañándote?
2 estás trabajando?
3 estás haciendo la comida?
4 estás en la cama?
5 estás leyendo?

Estudia los dibujos.

Decide quién **está** preocupado/a
alegre
enfadado/a
triste
cansado/a
enfermo/a

¿Quién **es** agresivo/a?
tímido/a?

¿Quién llama a quién? Elige dos personas de los dibujos.
Una llama a la otra. Decide de qué hablan. Inventa la
conversación. Trabaja con un compañero o solo.

Vocabulario en casa

Formulario para solicitar una conferencia telefónica.
Estudia el vocabulario.

C. T. N. E.
DEPARTAMENTO DE TRAFICO

FORMULARIO PARA SOLICITAR UNA CONFERENCIA TELEFONICA
FORMULAIRE POUR DEMANDER UNE COMMUNICATION
REQUEST FORM FOR MAKING LONG DISTANCE CALLS
BESTELLFORMULAR FUR FERNGESPRACHE

Cod. 171.085 - 357.000 (VII-82) · Artegraf

CUMPLIMENTE LOS DATOS SIGUIENTES
REMPLISSEZ CE QUESTIONNAIRE, S´IL VOUS PLAI´T
FILL THIS FORM, PLEASE
BITTE MACHEN SIE DIE NACHFOLGENDEN ANGABEN

País, Pays, Country, Land

Indicativo

Población, Ville, City, Ort

Indicativo

N.º de Teléfono
N.º de Téléphone
Telephone number
Tele-fonummer

N.º de la extensión
N.º de l'extension
Extension number
Nebenstellenummer

CLASE DE CONFERENCIA (Cruce con una línea la casilla que corresponda)
CATEGORIE DE LA COMMUNICATION (Cocher la case correspondante)
TYPE OF CALL (Please, check the corresponding square)
GESPRACHSART (Bitte, betreffendes kastchen ankreuzen)

EFECTUE SU LLAMADA POR LA CABINA N.º
VOUS POUVEZ ETABLIR VOTRE APPEL A LA CABINE N.º
PLEASE, USE BOOTH Ner.
BENUTZEN SIE FUER IHR GESPRAECH DIE KABINE N.º

Teléfono a Teléfono
Poste à Poste
Station to Station
Gewöhnlich

Urgente
Urgente
Urgent
Dringend

Personal
Personnelle
Personal call
Person zu Person

Nombre de la persona solicitada
Nom du demandé
Name of the required person
Name des gewuenschten gespraechspartners

Cobro Revertido
Payable à l´arrivée
Collect call
R-Gespräch

Nombre del Peticionario
Nom du Demandeur
Name of person Placing call
Anmeldersname

Tarjeta de Crédito
Cartes de Crédit
Credit Cards calls
Kreditkarten

(A consignar por la persona
encargada del locutorio)

N.º de la Tarjeta de Crédito
Nombre y apellidos del Titular

Gramática

¿Qué tiempo hace?

Hace $\begin{Bmatrix} \text{buen} \\ \text{mal} \end{Bmatrix}$ tiempo

El tiempo es bueno

El tiempo es malo

Hace sol
        frío
        calor
        viento

¡Qué calor (hace)!

¡Qué frío!

Tengo frío
        calor
        sed

¿Qué estás haciendo?

Estoy trabajando
        comiendo
        escribiendo

Me baño

Por teléfono:

Dígame.

¿Está Juan?

Soy yo.

Soy Ana.

What's the weather like?

Estoy bañándo**me**

Vocabulario para la próxima lección

nacer

Vocabulario para contar tu vida o hablar de la vida de alguien.

crecer

ir a la escuela

hacer el servicio militar

hacer una carrera (universitaria)

conocer a (alguien)

enamorarse

casarse

tener hijos

separarse

divorciarse

cambiarse de casa

jubilarse

morir

Vocabulario

Verbos	**Verbs**
abandonar	*to leave, to abandon*
bañarse	*to bathe*
conducir	*to drive*
esperar	*to wait, to hope*
llover	*to rain*
nevar	*to snow*
ponerse	*to take the phone*
(Ahora se pone)	*He/she is just coming (to the phone)*
preocuparse	*to worry (oneself)*

Adjetivos	**Adjectives**
alegre	*happy, cheerful*
difícil	*difficult*
distinto	*different*
escaso	*scarce*
horrible	*horrible*
preocupado	*worried*
próximo	*next*
seco	*dry*
turístico	*touristic*

El tiempo	**The weather**
calor (m)	*heat*
ciencia	*science*
clima (m)	*climate*
escasez (m)	*scarcity*
las estaciones	*the seasons*
invierno	*winter*
lluvia	*rain*
niebla	*fog*
nieve (f)	*snow*
otoño	*autumn*
previsión (f)	*forecast*
primavera	*spring*
sequía	*drought*
tormenta	*storm*
verano	*summer*
viento	*wind*

Transporte (m)	**Transport**
aeropuerto	*airport*
autobús (m)	*bus*
avería	*a breakdown, a fault*
conductor (a)	*driver*

Nombres	**Nouns**
bosque (m)	*a wood*
clínica	*clinic, hospital*
Correos	*the post office*
examen (m)	*examination*
física	*physics*
geología	*geology*
hambre (f)	*hunger*
llamada	*a (telephone) call*
medida	*measure*
molestia	*nuisance*
(tarjeta) postal (f)	*postcard*
salud (f)	*health*
sed (f)	*thirst*
signo	*sign*
sueño	*sleep*
(Tengo sueño)	*(I'm sleepy)*
vacaciones (f)	*holidays*
ventana	*window*

Expresiones útiles	**Useful expressions**
¡Qué tiempo hace!	*What weather!*
¡Qué calor!	*It's so hot!*
¡Qué frío!	*It's so cold!*
¡Qué pena!	*What a shame!*
¡Qué lástima!	*What a pity!*
¡Qué suerte!	*What luck!*
ahora mismo	*right now, right away*
Ahora se pone	*He's just coming (to the phone)*
un momento (por favor)	*one moment (please)*
perdone	*I'm sorry/excuse me*
dentro de (media hora)	*within (half an hour)*

doce

¿ Q u é   h i c i s t e ?

Talking about the past: Where you went
  yesterday   What you did
  last week   Biographies
  last month   Autobiographies
  last year   Diaries
  holidays

A ¿Qué hiciste ayer?

Ana	Hola Juan.
Juan	Hola Ana. ¿Qué tal?
Ana	Bien. ¿Qué vas a hacer esta tarde? ¿Quieres venir al cine?
Juan	Pues no sé. No me apetece salir. Voy a ir a casa.
Ana	¡Qué raro! ¿Qué te pasa?
Juan	Pues ayer salí por la noche y estoy muy cansado.
Ana	¿Dónde fuiste?
Juan	Primero fui al teatro, después cené en un restaurante y luego fui a una discoteca, creo que bailé y bebí demasiado.
Ana	Pues, tengo dos entradas para el cine. ¿No quieres ir?
Juan	No, de verdad. Estoy muy cansado.
Ana	Bueno. Llamaré a Luis.

¡Atención!

ayer	=	*yesterday*
primero	=	*first(ly)*
después	=	*then, after*
luego	=	*later, then*
de verdad	=	*really*

Preguntas:
1 ¿Qué va a hacer Juan esta tarde?
2 ¿Quién invita a quién?
3 ¿Qué tiene Ana?
4 ¿Qué va a hacer Ana esta tarde?
5 ¿Va a ir Juan con Ana?
6 ¿Por qué?

Pretérito indefinido (*the simple past tense*) de los verbos regulares:

	bailar	**comer**	**salir**
(Yo)	bail**é**	com**í**	sal**í**
(Tú)	bail**aste**	com**iste**	sal**iste**
(El/Ella/Vd)	bail**ó**	com**ió**	sal**ió**

+ dos verbos irregulares:

hacer	**ir**
hice	fui
hiciste	fuiste
hizo	fue

> **¡Atención!**
> ir *and* ser *have the same form in the simple past.*

Ejemplo:

A: ¿Qué hiciste ayer?

B: Fui a la discoteca.

Escribe los verbos en la forma correcta.

A: ¿Qué (**hacer**) anoche?

B: (**Ir**) a ver a mi amigo.

A: ¿(**Salir**) con él?

B: Sí. (**Ir**) al cine con él.

A: ¿Qué película (**ver**)?

B: Una policiaca. No me acuerdo del título.

A: ¿ (**Hacer**) algo después?

B: Mi amigo (**volver**) a casa y yo (**ir**) a la discoteca.

A: ¿No (**cenar**) nada?

B: Ah sí. (**Cenar**) con mi amigo y después (**ir**) a casa.

Escucha el diálogo y comprueba tus respuestas.

¿Qué hizo María ayer?
Pon los dibujos (página 181) en orden y escribe una frase para cada dibujo.

Ejemplo:
1 Se levantó a las siete.

Escucha a María y comprueba el orden.

Lee lo que María escribió en su diario. Hay diferencias.
¿Cuáles son las diferencias?

ACTIVIDAD 5

15 Julio.

Ayer, día de mi cumpleaños, me levanté a las siete, como todos los días, desayuné con Pili en el bar Miguel y trabajé toda la mañana como siempre. Normalmente a mediodía como un sandwich en un bar cercano, pero ayer comí en un restaurante, El Olimpo, con Pili y Alfonso. Luego fui al Corte Inglés a comprar un regalo para mí y llegó un poco tarde al trabajo. Entré en la oficina, un poco preocupada y vi un pastel de cumpleaños en la mesa grande con dos botellas de champán. Todos mis compañeros cantaron "Cumpleaños feliz" y mi jefe me regaló un reloj en nombre de todos ellos. Fue muy emocionante.

Por la tarde visité a mis padres y cené con ellos. Pasé un día muy agradable.

Expresiones del pasado:

la semana pasada	*last week*
el mes pasado	*last month*
el año pasado	*last year*
ayer	*yesterday*
anoche	*last night*
antes de ayer/anteayer	*the day before yesterday*
hace dos semanas	*two weeks ago*

¿Qué hiciste ayer, la semana pasada, el año pasado, etc.?

Trabaja con un compañero.
Escribe en un papel lo que hiciste ayer. Da el papel a tu compañero.
Ahora explica a tu compañero lo que hiciste pero cambia el orden.
Tu compañero tiene que cambiar el orden en el papel.

Completa la información para Javier, Pedro y María Teresa.

	Javier	Pedro	María Teresa
0900	*universidad,*		
1100			*presentar proyectos,*
1300			
1500			
1700			
2200		*cenar.*	
2330			

Con un compañero.
Cuenta (*tell*) a tu compañero lo que hiciste el fin de semana.
Tu compañero lo cuenta al resto del grupo. Comprueba.

B ¿Dónde estuviste?

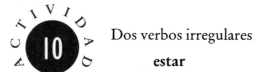

Dos verbos irregulares

	estar	tener
(Yo)	estuve	tuve
(Tú)	estuviste	tuviste
(El/Ella/Vd)	estuvo	tuvo

Cuatro personas (A,B,C,D) hablan de lo que hicieron durante las vacaciones.
Estudia la información.
Escucha e indica.

Medio de transporte	avión	☐	barco	☐	tren	☐	coche	☐
Lugar	montañas	☐	playa	☐	pueblo	☐	extranjero	☐
Duración	2 semanas	☐	3 semanas	☐	1 mes	☐	6 semanas	☐
Cuándo	junio	☐	julio	☐	agosto	☐	septiembre	☐
Alojamiento	hotel	☐	camping	☐	su casa	☐	casa de amigos	☐
Actividades	nadar	☐	excursiones	☐	paseos	☐	teatro	☐
	tomar el sol	☐	montañismo	☐	ciclismo	☐	museos	☐

Utiliza la información de la Actividad 11. Escribe frases sobre las vacaciones.

Ejemplo:

María fue de vacaciones a la playa durante seis semanas. Fue en avión y estuvo en un hotel cerca de la playa. Fue en julio y nadó mucho.

¡Atención!

ir de vacaciones = *to go on holiday*
estar de vacaciones = *to be on holiday*

Continúa.

Pregunta a tus compañeros sobre las vacaciones.

Ejemplos: ¿Dónde fuiste de vacaciones?
¿Cuándo fuiste?
¿Cómo fuiste? etc.

Plurales

	bailar	comer	salir
(Nosotros/as)	bail**amos**	com**imos**	sal**imos**
(Vosotros/as)	bail**asteis**	com**isteis**	sal**isteis**
(Ellos/as) (Ustedes)	bail**aron**	com**ieron**	sal**ieron**

Una encuesta de toda la clase.
Utiliza la información de la Actividad 13.
Calcula: cuántas personas fueron en avión
fueron a la playa
etc.

Este estudiante visitó Aragón, en España, en un viaje de estudios.
Lee su diario.
Escribe la frase que corresponde a cada dibujo, foto o entrada. Señala los errores gramaticales.

Sábado, seis de Enero.

Dormimos hasta las dos, y a las cuatro, fuimos, con las profesoras, a una festival en las afueras de Zaragoza que se llama Futurmar. En Futurmar, hubo mucho para los

niños y jovenes : cabalgatas, viajes en los motos
de la policia, deportes, y una exposició de
Servicios de Zaragoza como ambulancias,
bomberos y policía municipal. La cosa que
más me gusté estaba un parque de attacciones.

Domingo, siete de Enero

Nos levantamos temprano para visitar los
museos de Zaragoza. Visitamos dos museos:
uno museo de arte, y uno de escultura. Pensé
que estas fueron muy interesantes porqué me
gusta mucho el arte. Vimos también muchas
pinturas en una exposición al aire libre.

Para comer, fuimos a un restaurante donde
comimos un menú. Comí paella de primero, y
merluza de segundo.

Por la tarde, fuimos a un parque muy
grande donde paseamos, hicimos carrera y
saltamos.

Cuando volvimos al hotel, estábamos muy
cansados, y dormimos.

Martes, nueve de Enero.

Nos levantamos a las seis para ir a una
ciudad que se llama Belchite, bastante cerca
de Zaragoza. El viaje en autocar duró una
hora más o menos y cuando llegamos, la
ciudad estaba desierto. La profesora nos dijo
que todo el mundo estaba en los campos,
recogiendo las aceitunas.

Vimos una fábrica pequeña donde algunos
hombres fabrican el pan para la zona cerca
de Belchite : mucho, mucho pan.

Entonces, fuimos a la fábrica donde se
fabrica el aceite de oliva. ¡No he visto
nunca tantas aceitunas! Muy interesante.

La cosa más interesante en Belchite fue
la ciudad vieja. Fue una ciudad, destruída
en la guerra civil Española, y ahora
completamente desierta. Quedan algunos
edificios, o media edificios, incluso dos

Jueves, once de Enero

Por la mañana, fuimos a una vista de las
iglesias y monumentos de Zaragoza, con la
prima de nuestra profesora. una señorita muy
simpática que se llama María Jesús. fuimos
a la Aljafería, un palacio arabe del siglo XI,
y a la basílica del pilar.
Tuvimos la tarde libre, y fuí de compras
en el centro de Zaragoza.
Por la noche, volvimos al bar, donde fuimos
el viernes. Jugué al billar con los españoles

 *A C T I V I D A D*
17

*Write your own diary of your last holidays on a piece of
paper.*
Don't write your name.
*Place all the diaries in the centre and each student take
one.*
From the information, guess who the diary belongs to.
Suggestion: do the diary as homework.

C Esta es mi vida

 A C T I V I D A D
18

Mira los dibujos de los momentos importantes de la vida
de Ana.
Escucha y pon las fechas con el dibujo al que
corresponde.

ACTIVIDAD 19

Haz una lista de los verbos que utiliza Ana.
Escribe su historia.

ACTIVIDAD 20

Trabaja con un compañero.

A: Cuenta tu vida a B.

B: Haz una lista de las fechas

Ejemplo:

1970	Nació en Londres.
1989	Estudió idiomas en la universidad de Edimburgo etc.

¿Qué más información quieres? Cambiar.

Cuenta la historia a los miembros del grupo.

ACTIVIDAD 21

Dos textos sobre dos personas famosas.

Rellena la ficha para cada persona:

«Soy **Pilar Matos**, nacida en Barcelona y con los años que cada uno cree que tengo. Dejé los estudios de química y empecé en el cine, donde fuí script y ayudante de dirección. Luego puse en marcha el departamento de spots de Sagi. Hace millones de años escribí en "El Correo Catalán" y "Fotogramas". Actualmente presento y dirijo en "Radio Intercontinental, Cadena Catalana y Rueda Rato" un programa que se llama "La noche es de Pilar"».

«Soy **Manuel Campo Vidal**, casado, con una hija y un bebé en camino. Nací en el año 1951 bajo el signo de Aries, estudié ingeniería técnica, periodismo y sociología en la Escuela de Altos Estudios de París. Trabajé en "El Ciervo", en "Triunfo", en "Tele-eXpress", en "El Periódico", en "Informaciones" y posteriormente en RTVE. Actualmente presento "Punto y aparte" en la SER.»

Nombre y apellidos:

Lugar y fecha de nacimiento:

Estudios realizados:

Trabajos:

Trabajo actual:

EN CASA O EN CLASE

D Esta es su vida

Personajes famosos españoles

VERONICA FORQUE. Hija del conocido director José María Forqué y de la escritora Carmen Vázquez Vigo. De físico y voz peculiares, es actualmente una de las más eficaces actrices de comedia. Intérprete muy personal.

FERNANDO REY. Nació en La Coruña en 1917. De larga y fructífera trayectoria profesional, ha conseguido sus mejores interpretaciones en la madurez. Su voz y su dicción impecables son sus «armas» más importantes.

MIGUEL BOSE. Nació en Madrid, hijo del famoso ex torero Luis Miguel Domínguín y de la actriz italiana Lucía Bosé, de quien adoptó su apellido artístico. De peculiar y atractivo físico, también ha probado fortuna en el cine.

JOSE SUAREZ. Actor español. Nació en Oviedo, en 1919. Dotado de gran fotogenia y aspecto viril, destacó como galán muy estimable en muchas películas de los años sesenta y setenta.

1 Una biografía no dice dónde nació. ¿Cuál?
2 Dos no dicen cuándo nacieron. ¿Cuáles?
3 **a** Su madre es italiana.
   b Su madre es actriz.
   c Su padre fue torero.
4 **a** ¿Quién es escritora?
   b ¿Quién es director?
5 Escribe una característica de cada personaje.
6 Uno de los textos no usa verbos en el pasado. ¿Cuál es?
7 Uno de los textos sólo usa un verbo en pretérito indefinido. ¿Cuál es?
8 Los otros dos textos tienen dos ejemplos del pretérito indefinido. Escríbelos y escribe el infinitivo del verbo.

Lee esta biografía de una persona famosa.
¿Sabes quién es?

1899	Nace en Nueva York.
1915	Ejército: servicio militar.
1926	Matrimonio con Helen Menken.
1928	Divorcio. Matrimonio con Mary Philips.
1929	Un cazatalentos (*talent scout*) lo descubre.
1930	Su primera película: *El Conquistador*.
1937	Separación de Mary Philips.
1941	Su primer éxito (*success*): *El Ultimo Refugio*.
1943	Una película famosa. ¿Cómo se llama?
1945	Matrimonio con Lauren Bacall. Dos hijos: Stephen (1949) y Leslie (1952)
1949	Actividad política. Solidaridad con los perseguidos por el Comité de Actividades Anti-Norteamericanas.
1957	Muere.

Respuesta: página 235.

Escribe la biografía con frases completas.
Comprueba con el cassette.

Piensa en un personaje famoso.
¿Qué información sabes de él/ella?
Escríbelo como en la Actividad 23 sin decir el nombre.
Haz un intercambio con tus compañeros.

Lee la biografía de Pablo Casals en la página 190.

1 ¿Qué significan en su vida estos lugares:

… Vendrell?
… Barcelona?
… Madrid?
… París?
… Puerto Rico?

Foto: KEYSTONE

Hoy, un programa biográfico sobre Pablo Casals
"GRANDES MUSICOS"

Una nueva miniserie dedicada a las grandes figuras de la música española se inicia con Pablo Casals en TVE-2, a las 22.30 h., en sustitución de «Relatos arqueológicos». Por el programa también pasarán otros artistas como Rodolfo Halffter, Xavier Montsalvatpe y Pablo Sorozabal.

AGUSTIN Navarro es el guionista y director de la miniserie «Grandes músicos» que se inicia hoy con la primera parte de la biografía del insigne violonchelista catalán Pablo Casals. El programa recorre los lugares donde pasó los años de su infancia y juventud y le sigue a través del largo periplo de conciertos alrededor del mundo, con documentos fílmicos de sus más importantes momentos.

Nacido en Vendrell, Tarragona, en 1876, Casals inició los estudios de piano siendo niño, aunque pronto pasó a dedicarse al violonchelo. A los 12 años ingresó en la Escuela Municipal de Música de Barcelona, donde pronto formó un trío de ejecución de piezas clásicas.

Madrid y París fueron dos grandes saltos para el joven genio que obtuvo plaza como violonchelista en la Orquesta de Lamoureux. Fue entonces cuando empezó a cosechar sus primeros triunfos, ya que a partir de entonces recorrió como solista las principales ciudades del mundo, que le consideró único en su especialidad por la pureza de sus interpretaciones.

El 18 de julio de 1936, ensayando la Novena Sinfonía de Beethoven en el Palau de la Música, recibe la noticia del alzamiento militar. Coro y orquesta interpretan el «Himno a la alegría» como despedida. La guerra y el exilio en Prades (Francia) y en Puerto Rico precederían y coincidirían, sin embargo, con no pocas glorias. Tenía 84 años cuando estrenó su oratorio «El pesebre» y 99 cuando compuso el Himno a las Naciones Unidas.

2 Busca los verbos en pretérito y pon el infinitivo.
   Ejemplo: pasó = pasar

ACTIVIDAD 27

Lee este artículo sobre Carmen Calvo y contesta las preguntas.
Nota: algunos verbos (nacer, presentar, participar) se refieren al pasado pero aparecen (*appear*) en el presente. Escríbelos en el pasado.

Un lenguaje minucioso

M. F.-C.

Nacida en Valencia, en 1950, Carmen Calvo estudia en la Facultad de Bellas Artes de su ciudad. Durante la segunda mitad de los años setenta, presenta sus trabajos en las galerías españolas entonces más activas, como Buades, Vandrés o Yerba. En 1980 participa en «New images from Spain», una de las muestras pioneras en llevar las últimas corrientes artísticas españolas por Estados Unidos, en un recorrido que se inició en el Guggenheim. Entre 1983 y 1985 residió en Madrid, estableciéndose posteriormente en París.

Las galerías Theo y Luis Adelantado, de Valencia; Miguel Marcos, de Zaragoza; Pelaires, de Palma de Mallorca; Michael Dunev, de San Francisco; y la madrileña Gamarra & Garrigues -origen de su presencia en este Salón- son sus principales citas en los ochenta, una década que termina con la concesión del Premio Alfons Roig. En su trabajo plantea un sutil acercamiento a materiales habitualmente ajenos a la pintura, como es el barro cocido, en una práctica que le ha obligado a ocupar el espacio, dándole mayor importancia al volumen y las instalaciones.

1 ¿Dónde nació?
2 ¿Cuándo nació?
3 ¿Dónde estudió?
4 ¿Cuál es su profesión?
5 ¿Qué es Yerba?
6 ¿En qué año y dónde hubo una exposición llamada *New Images from Spain*?

¡Atención!

Hubo = *There was/were*

Gramática

EL PRETÉRITO INDEFINIDO DE LOS VERBOS REGULARES

Visité a mis padres
¿Comiste en casa?
Salió con su amigo

VERBOS IRREGULARES

hacer	hice/hiciste/hizo/hicimos/hicisteis/hicieron
ser/ir	fui/fuiste/fue/fuimos/fuisteis/fueron
estar	estuve/estuviste/estuvo/estuvimos/estuvisteis/estuvieron
tener	tuve/tuviste/tuvo/tuvimos/tuvisteis/tuvieron
ver	vi/viste/vio/vimos/visteis/vieron

Hubo = *There was/were*

VERBOS REFLEXIVOS	ADVERBIOS DE TIEMPO
enamorarse de	ayer
separarse de	anteayer
divorciarse de	primero
casarse con	después
jubilarse	luego
cambiarse de casa	
trasladarse a	

Vocabulario para la próxima lección

Los síntomas		Symptoms
(el) dolor de cabeza	=	*headache*
(el) dolor de garganta	=	*sore throat*
(la) fiebre	=	*temperature*
(el) dolor de estómago	=	*stomach ache*
(la) tos	=	*cough*
(la) diarrea	=	*diarrhoea*

Las enfermedades		Illnesses
la gripe	=	*flu*
el catarro	=	*a cold, catarrh*
una infección	=	*an infection*
un virus	=	*a virus*
una intoxicación	=	*food poisoning*
una insolación	=	*sunburn*

Remedios		Remedies
una inyección	=	*an injection*
unas pastillas	=	*pills, tablets*
una pomada	=	*ointment*
un jarabe	=	*syrup*

Vocabulario

Verbos — *Verbs*

apetecer	*to feel like*
(Me apetece salir)	*(I feel like going out)*
acordarse	*to remember*
corresponder	*to correspond*
mantener	*to maintain*
morir	*to die*
pasar	*to happen*
(No sé qué me pasa)	*(I don't know what's happening to me)*
trasladarse	*to move (a business, house)*

Nombres — *Nouns*

cualidad (f)	*quality*
derecho	*law (as a subject for study)*
ejército	*the army*
encuesta	*survey*
éxito	*success*
extranjero	*foreigner, stranger*

reloj (m)	*watch, clock*
servicio militar	*military service*
taller (m)	*workshop*

Adjetivos — *Adjectives*

demasiado	*too much, too many*
emocionante	*exciting*
particular	*private*

Adverbios — *Adverbs*

anoche	*last night*
ayer	*yesterday*
después	*after*

Expresiones útiles — *Useful expressions*

¡Qué raro!	*How strange!*
¿Qué te pasa?	*What's the matter (with you)?*
¿De verdad?	*Really?*

trece

¿ Q u é   t e   p a s a ?

Parts of the body	Describing
Illnesses	what has happened to you
Remedies	where you have been
Advice	what you have done
Reporting a theft	Describing lost property and personal belongings

A ¿Qué te pasa?

ACTIVIDAD 1

Médico	¿Qué le pasa?
Ana	Pues, no sé. He tenido un catarro muy fuerte y ahora me duele la cabeza y el oído.
Médico	Vamos a ver . . . Parece que tiene un poco de infección. ¿Ha tenido mareos?
Ana	No. Pero me encuentro muy mal.
Médico	¿Es usted alérgica a los antibióticos?
Ana	No.
Médico	Bueno, pues le voy a recetar estas pastillas. Tiene que tomar una después de cada comida.
Ana	De acuerdo.

Preguntas:

¿Cuáles son los síntomas?
¿Cuál es el diagnóstico?
¿Cuál es la receta?
¿Cuál es el consejo?

¡Atención!

¿Qué le pasa? ⎫
¿Qué te pasa? ⎭ == *What's the matter (with you)?*

Me duele . . . = *It hurts (me)*
(Verbo: doler   Nombre: dolor (m))
Me encuentro . . . = *I feel . . .*
(verbo reflexivo)
una receta = *a prescription*
recetar   = *to give a prescription*

El cuerpo humano

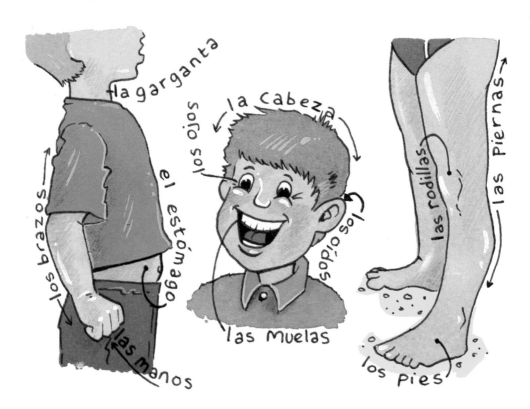

la garganta
la cabeza
los ojos
el estómago
los brazos
las orejas
las piernas
las manos
las muelas
los pies

¡Atención!

Me duele la cabeza = *My head hurts*

NOT Me duele mi cabeza

Me duele la cabeza
Te duele
Le duele
Nos duele
Os duele
Les duele

Me duelen los ojos
Te duelen
Le duelen
Nos duelen
Os duelen
Les duelen

Me duele el estómago.
Tengo dolor de estómago.

Trabaja con un compañero.
Escucha los diálogos.
Indica la parte del cuerpo en el dibujo.

1
2
3

4
5

A C T I V I D A D 4

Trabaja con dos o tres compañeros con el dibujo del cuerpo humano.

Ejemplo:

A: ¿Qué te pasa?

B: Me duele el estómago.

A: (Indica el estómago en el dibujo.)

A C T I V I D A D 5

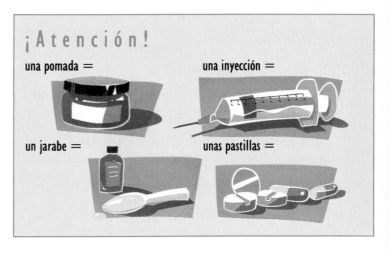

¡Atención!

una pomada =

una inyección =

un jarabe =

unas pastillas =

Une los síntomas, las enfermedades y las recetas.

Síntoma(s)	Enfermedad	Receta
dolor de cabeza (me duele la cabeza)	una indigestión	pomada
	una intoxicación	inyecciones
dolor de estómago	una insolación	pastillas
fiebre (tengo fiebre)	la gripe	jarabe
	una infección del oído	supositorios
diarrea	un virus	
dolor de ojos	una infección de la garganta	
dolor de oídos	un catarro	
escozor en la espalda		
mareos		
dolor de garganta		

¡Atención!

Tengo dolor de estómago = *I have stomach ache*

          oídos   *earache*

          cabeza   *headache*

ACTIVIDAD 6

Con un compañero, utiliza la información de la Actividad 5.

Ejemplo (formal):

A: ¿Qué le pasa?

B: Tengo dolor de garganta.

A: Tiene una infección. Tiene que tomar unas pastillas.

Continúa.

ACTIVIDAD 7

Oferta Médica
Lee los anuncios de médicos.

MEDICINA GENERAL

DAVID ALLUE

Tenor Fleta, 48 - 12,30 a 1,30 h.
Gran Vía, 17 - Sánitas

José Mª Pérez Pérez.
Lourdes Villar Baquero.
PSICOLOGIA ESCOLAR
Y CLINICA INFANTIL.
Avda. Madrid, 78-80. Of. 10
Tlfno. 31 04 01.

Consultorio Ginecológico
Dr. TEIXEIRA
Revisiones • Partos • Cirugía de la Mujer
Sanclemente, 25 Tlfno. 23 51 25 - 50001 ZARAGOZA

OBESIDAD

NUEVA IMAGEN
CONSULTORIO MEDICO
OBESIDAD - DOLOR
TABAQUISMO - CEFALEAS
San Miguel, 17 - Tel. 22 53 13

CENTRO MEDICO DE
ACUPUNTURA
TRADICIONAL
María del Mar Udina Altafaj
José Castillo Vicente
MEDICOS - ACUPUNTORES
Pª Fernando el Católico, 12,
pral. izqda. Tlfno. 35 38 39
50005 ZARAGOZA

VETERINARIOS

Clínica Veterinaria **Ruiseñores**
Dtor. Rafael Cueva Calavia
Dr. Alcay, 11 - Tel. 37 32 48

MONTAMOS SUS GAFAS EN 1 HORA

Zatorre
Interpretación exacta de su receta
Adaptación de lentillas
Aparatos auditivos
Paseo Independencia, 25
Tel. 23 38 51

ALERGIAS

CENTRO MEDICO DE ALERGIA Y ASMA
Dra. Zapata - Dr. Pola
Especialistas en Alergia
Pza. del Carmen, 9. 1º B
Tlfno. 22 40 19

CLINICA DENTAL
DR. LUIS RASAL ORTIGAS.
Médico Estomatólogo
Odontología Conservadora y Preventiva • Endodoncia
(desvitalización) • Prótesis • Estética dental • Cirugía Oral.
Tlfno. 21 96 41. Previa petición de hora.
Avda. Goya, 4. 1º D - 50006 ZARAGOZA

óptica lacalle
RECETAS MEDICAS - LENTES DE CONTACTO
OJOS ARTIFICIALES - APARATOS PARA SORDOS
FOTOGRAFIA
Santa Teresa, 59   Fernando el Católico, 43
Tel. 45 30 97   Tel. 56 56 62

CRUZ ROJA ESPAÑOLA
ZARAGOZA

22 22 22

URGENCIAS
COORDINACION PROVINCIAL

¿A dónde vas si . . .

1 . . . te duele una muela?
2 . . . tienes un niño enfermo?
3 . . . te duele la cabeza?
4 . . . tu gato está enfermo?
5 . . . tienes un accidente?
6 . . . estás muy gordo?
7 . . . estás embarazada?
8 . . . necesitas gafas?
9 . . . te gusta la medicina alternativa?
10 . . . tienes una alergia?

Une las fotos con los diálogos 1–4.

ACTIVIDAD 8

ACTIVIDAD 9

Sugerencias

¿Por qué no. . . ? + presente	*Why don't you. . . ?*
¿Por qué no vas al médico?	
Debes + infinitivo	*You should . . .*
Debes ir al médico.	
Tienes que . . . + infinitivo	*You have to . . .*
Tienes que ir al médico.	
Hay que . . . + infinitivo	*You must . . .*
Hay que ir al médico.	

Ejemplos:

A: Me duele la cabeza.

B: ¿Por qué no tomas una aspirina **ahora mismo**?

A: Tengo fiebre. Me encuentro mal (*I feel ill*).

B: Tienes que ir a la cama **inmediatamente**.

A: Me duele la muela.

B: Debes ir al dentista **pronto**.

A: Tengo dolor de estómago y no puedo comer.

B: Hay que ir al médico **en seguida**.

ACTIVIDAD 10

Completa la información:

1 Porcentaje de mujeres mayores de 65 años enfermas: . . . .

2 Porcentaje de hombres mayores de 65 años enfermos: . . . .

3 Las mujeres enferman más. Causas: . . . .

4 ¿Dónde hay más enfermos crónicos? (Pon en orden):
   pueblos muy pequeños
   ciudades medianas
   ciudades grandes

5 ¿Qué enfermedades son más comunes entre los hombres?

Las mujeres enferman más que los hombres

■ Aunque ser viejo no es sinónimo de estar enfermo, calculan que el 60 por ciento de las mujeres y el 50 por ciento de los hombres mayores de 65 años sufre algún tipo de problema de salud manifiesto y, por lo tanto, precisará cuidados sanitarios.

La profesora Ana Collado, de la Escuela Universitaria de Estudios Empresariales, presentó en estas jornadas un estudio en el que se reflejan las circunstancias que coinciden con mayor frecuencia con el hecho de estar enfermo. Además de la edad, el estudio revela que las mujeres tienen más enfermedad que los hombres, en parte porque viven más años, pero también por otras circunstancias, como son la falta de recursos económicos, una menor satisfacción laboral y especialmente la soledad. Estar solo es una de las circunstancias que más influyen a la hora de sentirse bien o enfermo, y las mujeres ancianas, con mucha frecuencia, están solas al quedarse viudas y no haber cultivado amistades fuera de casa, por ejemplo.

También aumenta la proporción de personas con algún mal crónico en los pueblos de menos de 2.000 habitantes. Son los que cuentan con la máxima cota. Las ciudades que tienen entre 50.000 y 500.000 habitantes consiguen la cifra más baja. Las grandes urbes suelen tener muchas personas enfermas crónicas, pero no tanto como los municipios pequeños.

Las mujeres son las que más problemas de salud de todo tipo acumulan, excepto en los males que afectan estrictamente a la vista, al habla y a la capacidad de andar que, en cambio, son mayoritarios entre los hombres.

B ¿Qué te ha pasado?

Yolanda va al médico por primera vez.
Escucha y rellena la ficha:

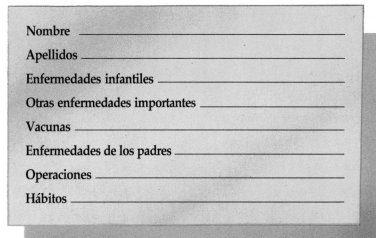

Nombre	_____
Apellidos	_____
Enfermedades infantiles	_____
Otras enfermedades importantes	_____
Vacunas	_____
Enfermedades de los padres	_____
Operaciones	_____
Hábitos	_____

¡Atención!

¿Has tenido. . .? = *Have you had. . .?*

¿Te han operado? = *Have you had an*
operation?
(literally: Have
they operated on
you?)

Pretérito perfecto

Verbos regulares:

estar – estado	**tener** – tenido	**sufrir** – sufrido
He	He	He
Has	Has	Has
Ha	Ha	Ha
Hemos — estado	Hemos — tenido	Hemos — sufrido
Habéis	Habéis	Habéis
Han	Han	Han

Ejemplo:

A: ¿Qué te ha pasado? (*What has happened to you?*)

B: He estado enfermo. He tenido la gripe.

¿Qué enfermedades has tenido en tu vida?
Estudia el vocabulario en la página 208.

Trabaja con un compañero.

A: Cuenta tus enfermedades.

B: Haz una lista.

Cambia.

C ¿Dónde has estado?

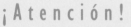

Pedro y Carmen son dos amigos de Madrid. Se encuentran (*they meet each other*) en la calle después de mucho tiempo.
Lee su conversación. Pon el diálogo en orden.

¡Atención!

¿Qué has hecho? = *What have you done?*

(hacer es irregular)

He ido a México

¿Qué has hecho?

He salido de vacaciones

¿Qué te ha pasado?

He estado enfermo

¿Dónde has ido?

¿Qué has hecho?

He tenido muchos problemas

He perdido mi trabajo

Escucha y comprueba el orden.

Con un compañero.
Pregunta a tu compañero qué ha hecho y dónde ha estado este año/este mes/esta semana/hoy.

Una encuesta del grupo.
¿Cuáles son las actividades más populares en el grupo?

ACTIVIDAD 17

Premio de Nescafé

Montserrat Miralles Llatser:
UN PREMIO LLENO DE CAMBIOS

Montserrat es una joven ama de casa. Tiene 23 años, está casada y todavía no tiene hijos. Su marido trabaja como ebanista en una fábrica de muebles. Viven en Vinaroz (Castellón) y para ella ha significado mucho ser la ganadora del "sueldo" para toda la vida. La suerte llamó a su puerta el pasado año.

Montserrat hace un alto para conversar un poco con nosotros.

Montserrat, ¿en qué sentido cambiaron las cosas para ti con este premio de NESCAFÉ?
He encontrado trabajo, me he comprado una casa, ya tengo el pisito que quería y he hecho muchas amistades. Me he vuelto un poco más abierta, hablo más con la gente ahora.

Eso nos parece fenomenal y, además, obtuviste un trabajo en el lugar en que habías comprado NESCAFÉ ¿No es así?
Sí, sí. En la comida que tuvimos estaba también la jefa de personal y hablando le parecí simpática, le caí bien y me ofreció trabajo.

O sea, que obtuviste al mismo tiempo el premio y el trabajo.

En cierto sentido, puede decirse que NESCAFÉ ha cambiado tu vida.
Sí, bastante.
Ahora, cuando estoy en el supermercado trabajando con los cafés, al llegar a NESCAFÉ, siento como un cosquilleo recordando todo lo que pasó.

**En las siguientes páginas...
¡LO ULTIMO DE NESCAFÉ!**

Nestlé cuida sus cafés

¿Cómo ha cambiado la vida de Montserrat Miralles Llatser?
- su trabajo
- su casa
- la gente

¿Qué más información hay de Montserrat?

D He perdido la maleta

Descripciones: ¿Cómo es?

¡Acuérdate de los colores!

Material	**Forma**	**Tamaño**	**Diseño** (*design*)
de plástico	redondo/a	grande	estampado/a
de madera	cuadrado/a	pequeño/a	liso/a
de oro	rectangular	mediano/a	de rayas
de plata	alargado/a		de listas
de metal			
(metálico/a			
de seda			
de lana			
de tela			
de piel			

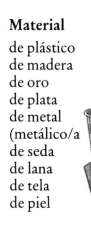

En la oficina de objetos perdidos

Escucha las descripciones de objetos perdidos.
Rellena el formulario:

	1	2	3
Objeto			
Color			
Material			
¿Dónde lo perdió?			
¿Encontrado?			

ACTIVIDAD 20

Estudiante A: Elige un objeto de los tres similares. Describe el objeto a Estudiante B.

Estudiante B: ¿Cuál es el objeto?

Continúa con los otros objetos.

ACTIVIDAD 21

Lee las descripciones en un periódico sobre los objetos perdidos.
Une los cinco dibujos con cinco de los objetos pérdidos.

PERDIDAS

PERDIDA gata atigrada con collar verde, sector calle Lorente. Se gratificará. 565435.

EL 24 de julio. perdido un sobre con documentos a nombre de Macario Barberán. Se gratificará su devolución. Teléfono 125641, Cadrete (Zaragoza).

PERDIDO pendiente día 13, entre calle Sanclemente, Galerías Preciados, paseo Independencia, Corte Inglés, se gratificará. Teléfono 226434.

GAFAS oscuras graduadas olvidadas en taxi o caidas en Doctor Alcay dia 27, 7-8 tarde. Gratificaré. Teléfono 555794.

CAZADORA motorista (Barbour), negra, trayecto Riglos-Zaragoza. Teléfono 233851 (trabajo).

SE RUEGA a quien recogió en la glorieta de El Corte Inglés una bolsa con dos bañadores llame al teléfono 334228. Se gratificará.

OLVIDADA máquina fotográfica refugio Respumosos. Teléfono (974) 227785. Llamar de 14 a 16 horas.

DESAPARECIDO bolso por Jaime I, con gafas graduación especial, bono mes M.ª A. L. M. Se gratificará. Teléfono 378481. Llamar noche.

SE HA PERDIDO cordón de oro en la calle Duquesa Villahermosa. Teléfono 551243. Se gratificará.

Piensa en un objeto que llevas contigo. ¡Lo has perdido!
Rellena el formulario del periódico para poner un
anuncio.
Incluye una descripción del objeto.
Todo el grupo pone los objetos perdidos encima de la
mesa.
Cada estudiante lee uno o más anuncios e identifica el
objeto/los objetos que corresponden al anuncio.

ANUNCIOS CLASIFICADOS POR PALABRAS

Si usted quiere publicar un anuncio clasificado por palabras en
cualquiera de las secciones de este periódico, rellene y envíe este
recuadro a:

HERALDO DE ARAGÓN   **Apartado 175. Anuncios. Zaragoza**

Dentro del sobre incluya el importe del anuncio o anuncios en sellos
de Correos (valor unitario NO superior a 50 pesetas) o resguardo de
giro postal o telegráfico.

....

Nombre y apellidos ....
Domicilio ....
Localidad .... **Teléf.** ....

TEXTO DEL ANUNCIO
(escriba con mayúsculas)

....
....
....
....
....

Fechas de publicación ....

Indicaciones para valorar su anuncio:

N.º de palabras: .... x 15 ptas. palabra = ...
precio por día

.... x .... = ...
Precio por día   días   total de ptas. a enviar

E En la comisaría

Una mujer describe un robo.
Escucha la primera parte de su conversación con el
policía.

Contesta las preguntas.

1 ¿Qué ha perdido?
2 ¿Dónde?
3 ¿Con quién estuvo la mujer?
4 ¿Cuándo le robaron?
5 ¿Quién le robó?
6 ¿Qué más detalles hay?
7 ¿Cómo es?

Ahora la mujer describe lo que había dentro del bolso.
Une las cosas con las personas:

Mi / tu / su coche

Mi / tu / su casa

Nuestro / Vuestro / su coche

Nuestra / Vuestra / su casa

Mis / tus / sus coches

Mis / tus / sus casas

Nuestros / Vuestros / sus coches

Nuestras / Vuestras / sus casas

E N   C A S A   O   E N   C L A S E

Lee el artículo sobre el tabaco.

TABAQUISMO

Respecto al consumo de tabaco, las actitudes de los habitantes de la CE son bastante homogéneas. Teniendo en cuenta estudios anteriores, se constata que los fumadores constituyen una minoría en descenso (36 por 100 de la población adulta) y que los países más fumadores son Dinamarca (45 por 100), Países Bajos y Grecia (43 por 100 en ambos). En España un 38 por 100 de la población es fumadora, y casi la mitad de los que lo hacen (45 por 100) desea abandonar el tabaco o reducir su consumo.

¿Qué significan estos porcentajes?
36%, 38%, 43%, 45%

ACTIVIDAD 26

ACTIVIDAD 27

¿Cómo y cuándo nos roban?

Antes de leer el artículo.
¿Te han robado en tu casa alguna vez?
¿Conoces a alguien que ha sufrido un robo en su casa?

Con un compañero adivina:

1 El mes más popular para robos en las casas.
2 Los meses más tranquilos.
3 ¿Por qué no roban mucho dinero de casas y pisos en verano.
4 Cuándo roban en los establecimientos públicos.
5 Qué días y a qué hora roban en los domicilios.

Lee y comprueba vuestras contestaciones

¡Atención!

domicilio = *address/home/house*

LOS DOMICILIOS SE ROBAN DE DIA

¿Qué épocas del año, qué días y qué horas son las idóneas para efectuar un robo?

En establecimientos públicos, los fines de mes, porque es la época en que se saca dinero del banco para pagar a los empleados. Salvo que se hagan en el mismo día, no suelen robar por la misma zona en una temporada, y, por supuesto, en el mismo sitio dos veces seguidas. Las probabilidades de que le cojan aumentan considerablemente.

En casas de pisos, los fines de semana, puentes y vacaciones. Durante el verano, cuando la gente se va de vacaciones, es la época más segura, pero las probabilidades de encontrar dinero son mucho menores y tienen que ir a los objetos de valor, como joyas, televisores, radios y objetos de oro y plata, lo que obliga a tener un contacto para poderlo vender.

En chalés situados en urbanizaciones donde la gente no vive en invierno, los días de entre semana permiten trabajar con mayor tranquilidad.

Vocabulario en casa

Urgencias

Zaragoza

Agua (averías) 562142
Alcohólicos
Anónimos 293835
Alumbrado público 294336
Ambulancias 358500
Ambulatorio
S. Soc. . 434111, 434193, 434196
Asociación Aragonesa
de Ex Alcohólicos 236735
Asociación Pro-Vida 252020
Auxilio
en Carretera (D. Y. A.) ... 313300
Bomberos (urgencias) 080
Centro de Atención a las
Drogodependencias 291727
Centro de Información
de los Derechos
de la Mujer 490000
Centro Regional
de Información
y Documentación
Juvenil de Aragón 444000

CIPAJ 213960
Clínica Montpellier 565660
Clínica Quirón 376700
Clínica San Juan
de Dios 271660
Colegio de Abogados 396016
Comisaría de Policía 091
Comisión Ciudadana
Anti-Sida de Aragón 438135
Cruz Roja 222222
Distribuidora
de Gas 426544
Eléctricas Reunidas 565625
Faro 390969
Guardia Civil 218269
Guardia Civil
de Tráfico 217138
Hospital Clínico 357650
Hospital de Enfermedades
del Tórax 512533
Hospital
Miguel Servet 355700
Hospital Militar 564142

Hospital Provincial 440022
Juzgado de Instrucción
número 5 398711
Oficina de Información
al Consumidor 396150
Oficina de información,
Sugerencias y Reclamaciones
de la DGA 228899
Policía Municipal 092
Protección Civil 006
Radio-Taxi 373737
Registro Civil 390899
Rehabilitación
de Toxicómanos 513218
Servicio de Información
del M. E. C. 566161
Servicio de Orientación
Familiar 390969
Taxis 424242
Teléfono
de la Esperanza 232828
Telegramas 222000
Telerruta .... (91) 5352222
Télex 226952

Gramática

PRETÉRITO PERFECTO

	-ar	-er	-ir
He Has Ha Hemos Habéis Han	estado	tenido	sufrido

¿Qué has **hecho**?   (**hacer**)

DOLER

Me/te/le
nos/os/les } duele la garganta

Tengo dolor de garganta

Me/te/le
nos/os/les } duelen los ojos

Tengo dolor de ojos

PASAR

¿Qué te/le pasa?
No sé qué me pasa.

REFLEXIVOS

encontrarse: Me encuentro mal
Te encuentras mal
Se encuentra mal

SUGERENCIAS

¿Por qué no vas al médico?
Tienes que ir al médico.
Debes ir al médico.
Hay que ir al médico.

POSESIVOS

mi/tu/su/nuestro/vuestro/su	coche
mis/tus/sus/nuestros/vuestros/sus	coches
mi/tu/su/nuestra/vuestra/su	casa
mis/tus/sus/nuestras/vuestras/sus	casas

Vocabulario para la próxima lección

La televisión

el programa	*programme*
la carta de ajuste	*test card*
Informativos/Telediario/Noticias	*all used to describe news programmes*
una serie	*a series*
un episodio ⎫	
un capítulo ⎭	*an episode*
un concurso	*a quiz*
el tiempo	*the weather forecast*
un programa infantil	*children's programme*
los deportes/el programa deportivo	*sports programme*
Despedida y cierre	*goodnight and closedown*
Programa regional	*regional programme*
película	*film*

Vocabulario

La salud	Health	Adjetivos	Adjectives
doler	*to hurt*	alérgico/a	*allergic*
(Me encuentro mal)	*I feel ill*	embarazada	*pregnant*
escocer	*to sting, to burn*	fuerte	*strong, heavy (cold)*
operar	*to operate*	malo	*bad, ill*
recetar	*to prescribe*	tranquilo	*quiet, peaceful*
sufrir	*to suffer*		
		Nombres	**Nouns**
		alergia	*allergy*
		aspirina	*aspirin*

boca	mouth	**Descripciones**	*Descriptions*
brazo	arm	cuadrado	*square*
cabeza	head	estampado	*printed (dress*
catarro	catarrh, a cold		*material)*
consejo	advice	liso	*plain (material)*
cuello	neck	metálico	*metallic*
cuerpo	body	rectangular	*rectangular*
dentista (m/f)	dentist	redondo	*round*
diagnóstico	diagnosis		
diarrea	diarrhoea		
dolor (m)	pain	**Nombres**	*Nouns*
enfermedad (f)	illness	gafas	*glasses*
escozor (m)	stinging, smarting	gafas de sol	*sunglasses*
	pain	lana	*wool*
espalda	back (of person)	listas	*stripes*
estómago	stomach	madera	*wood*
fiebre (f)	fever, temperature	metal (m)	*metal*
garganta	throat	oro	*gold*
gripe (f)	bad cold, flu	plástico	*plastic*
hombro	shoulder	plata	*silver*
indigestión (f)	indigestion	rayas	*stripes*
insolación (f)	sunburn, sunstroke	robo	*robbery, burglary*
intoxicación (f)	(food) poisoning	seda	*silk*
inyección (f)	injection	tela	*fabric, mater*
jarabe (m)	syrup (medicinal)		
mano (f)	hand		
mareo	faintness, fainting	**Verbos**	*Verbs*
medicamento	medicine	deber	*to owe*
muela	tooth (molar)	(Debes ir)	*(You ought to go)*
nariz (f)	nose	perder	*to lose*
oído	ear	perdido	*lost*
ojos	eyes	robar	*to steal, to rob*
operación (f)	operation		
pastillas	tablets		
pecho	chest	**Expresiones útiles**	*Useful expressions*
pie (m)	foot	De acuerdo	*OK, agreed, right you*
pierna	leg		*are, etc.*
pomada	ointment	en seguida	*soon, immediately*
receta	prescription, recipe	inmediatamente	*immediately*
rodilla	knee	pronto	*soon*
síntomas (m)	symptoms	ahora mismo	*right now,*
supositorio	suppository		*immediately*
tobillo	ankle	Me duele mucho	*It hurts a lot*
vida	life	Me encuentro mal	*I feel ill*
virus (m)	virus	Me han robado	*I've been robbed*

catorce

Repaso

A Tiempo libre

ACTIVIDAD 1

Estudia las imágenes de las actividades de tiempo libre.

natación · pesca · cine · baile · teatro · fiestas · museos

ajedrez · paracaidismo

Tres personas (número 1, 2, y 3) hablan de su tiempo libre.
¿Qué actividades les gustan?
¿Qué actividades no les gustan?

Escucha e indica en las imágenes.

Ejemplo: **1+** Le gusta a la Persona 1
2− No le gusta a la Persona 2
etc.

ACTIVIDAD 2

Las tres personas eligen adjetivos de esta lista para describir las actividades.

a aburrido/a   **g** interesante
b agradable   **h** peligroso/a
c cruel   **i** relajante
d divertido/a   **j** sano/a
e emocionante   **k** violento/a
f intelectual

Indica qué adjetivos eligen para describir cada actividad.

Ahora, elige tú.
Pon las actividades en orden de preferencia.

Te gusta (+)	No te gusta (−)
1	1
2	2
3	3
4	4

Utiliza los adjetivos en la lista de la Actividad 2 para describir las actividades, o usa otros adjetivos.

Menciona tres o cuatro palabras relacionadas con las actividades.

Ejemplo: cine   película
               sesión
               entrada
               cartelera

Compara con tus compañeros. ¿Son las mismas?

Estudiante A: esta página

Estudiante B: página 235

1 Estudiante A: invita a Estudiante B.
Invítale al cine
o   a cenar en un restaurante
o   a una fiesta de un amigo
o   a las tres cosas.

Estudiante B prefiere estar en casa.
¿Puedes persuadirle?

2 Estudiante B te invita a salir.
Prefieres estar en casa. ¿Por qué?
Quieres saber más detalles.
¿Puede persuadirte Estudiante B?

¿Qué tiempo hace?

Escribe una frase para cada imagen.
Ejemplo: Está lloviendo.

Comprueba las frases con un compañero.
Termina la frase (dices lo que vas a hacer).
Ejemplo: Está lloviendo. Voy a ver la televisión en casa.
etc.

Cambia y comprueba.

A C T I V I D A D 6

Lee la programación de televisión.
Completa la información.

TVE 1

8.00 Buenos días.
9.00 Entre líneas. (R.)
9.30 Con las manos en la masa. (R.)
10.00 Derecho de amar. La nota que Rosalía dejó caer al suelo la noche de la cena llega hasta Adriano, después de haberla visto Monserrat. Rosalía no acepta que el jefe de Danilo la quiera conocer personalmente. Intérpretes: Gloria Pires, Sauro Corona, Carlos Vereza.
10.25 Avance TD.
10.30 Aventura 92. Concurso. Presentación: Miguel de la Quadra, Inka Martí. Dirección: José Antonio Plaza.
11.30 Santa Bárbara. (Serie.) Aunque todos la esperaban, la muerte de Joe supone un gran golpe para la familia. Sophia quiere ir a ver a Kelly, pero Eden y Marcelo se lo impiden.
12.15 Avance TD.
12.20 Jake y el gordo. «Cuánto hace que pasa esto? Intérpretes: William Conrad, Joe Penny, Alan Campbell.
13.05 El pájaro loco. (Dibujos animados.) «El asalto al tren.» El bandido Bocachica intercepta un mensaje para el jefe de estación de Arroyo Seco, en el que le ordena dejar vía libre al tren portador de un cargamento de oro.
13.30 3 x 4. (Concurso.) Presentación: Isabel Gemio. Dirección: María José Vidal.
14.30 Informativos territoriales.
15.00 Telediario 1. (Noticias.) Presentación: Luis Mariñas y Teresa Castanedo.

15.35 Spenser, detective privado. (Serie.) «Fin del camino.» Intérpretes: Robert Urich, Avery Brooks, Barbara Stock, Ron Mclarty, Richard Jaeckel.
16.30 La tarde de un verano. Magazine presentado por Elena Sánchez. A las 17.20 horas se efectuará una conexión con el aeropuerto Ranón de Oviedo, desde donde S. S. Juan Pablo II partirá hacia Roma.
17.55 Avance TD.
18.00 Los mundos de Yupi. (Programa infantil.) «La huella.» Dirección: Antonio Torets.
18.30 Los niños del Molino del Valle. (Serie.) «Los espantapájaros» y «Ha desaparecido Groschny». El molinero pide a sus hijos que hagan un espantapájaros para ahuyentar a los pájaros del huerto de cerezas. El capitán Groschny no acude a la cita y los niños le buscan por el bosque.
19.00 Dale la vuelta. (Divulgación científica.) Programa concurso en el que participan dos equipos de niños, y en el que se pretende concienciar a los más jóvenes sobre la conservación de la naturaleza. Presenta Mercedes Sánchez Casado. Guión: José García. Dirección: Manuel Espín. Hoy: «La Antártida».
19.30 De película. (Magazine cinematográfico.) «Nueva York para amantes de mitos cinematográficos.» Presenta Emilio Línder. Dirección: José Ruiz.
20.30 Telediario 2. (Noticias.) Presenta Rosa María Mateo.
21.00 El tiempo. (Información meteorológica.) Presenta Juan Antonio Maldonado.
21.15 Tribunal popular. Dramatización de un juicio en el que un Tribunal Popular emitirá un vere-

dicto sobre un tema de actualidad. Dirección: Javier Foz. Con Javier Nart y Ricardo Fernández Deu. Realización: Miquel Fortuny.
22.40 El local de Frank. (Serie.) «Duelo vudú.» El contable de Frank le comunica que se marchan todos los inquilinos de su propiedad a causa de uno que no paga. Intérpretes: Tim Reid, Robert Harper, Daphne Maxwell Reid, Francesca P. Roberts, Frances Williams, Vieginia Capers.
23.05 Documentos TV. (Documental.) «Mi nombre es Celia Cruz.» Documental realizado por la BBC.
0.05 Telediario 3. Presenta Mari Pau Domínguez.
0.25 Teledeporte. (Información deportiva.)
1.05 La noche. (Tertulia.) Realización: Pilar Rubio. Moderador: Pedro Altares.
2.00 Estrenos TV. «Un asesinato para Sihllman.» (Ver «Butaca de salón».)

TVE 2

8.40 Visita de S.S. el Papa Juan Pablo II a España.
13.00 Centros territoriales.
15.00 Tele Europa. (Noticias.) Espacio informativo del verano, dirigido a los turistas que visitan nuestro país.
15.30 La ruta de la seda. (Documental.) «A través del Pamir». Atravesando la vieja senda del comercio de la seda que unía Asia y Europa.
16.25 Doña Beija. Intérpretes: Maite Proença, Carlos Alberto, Jonás Mello, Gracindo Jr., Aldo César, Sergio Britto, Mayara Magri.

17.05 Sangre azul. (Serie.) «El escándalo». Intérpretes: Albert Fortyell, Lauren Hutton, Capucine, Ursula Karven, Didier Flamand, Friederich von Thun.
18.40 Musical. «Nuestro futuro común.» (Ultima parte.)
19.35 Computadoras. (Documental.)
20.05 Ni a tontas ni a locas. (Magazine.) Presentación: dúo «Virtudes». Dirección: Gloria Berrocal.
21.00 Mundo deporte. (Programa deportivo.) Incluye Vía olímpica: Tiro con arco.
21.30 El mirador. (Programa cultural.) Dirección: Angeles Ubrera.
21.45 Arte y tradiciones populares. «Alfarería de Basto: acabados.» Entre la rueda y el modelado al horno, toda una serie de variados y hasta sorprendentes procesos componen lo que se denominan «acabados». Guión y dirección: Julio Sánchez Andrada.
22.00 Noticias 2. Dirección y presentación: Antonio Martín Benítez.
22.35 Cine club. Ciclo dedicado al cine argentino. «Malayunta.» (Ver «Butaca de salón».)
0.05 Ultimas preguntas. (Programa religioso.)
0.35 Jazz entre amigos. (Musical.) «Panorama del jazz italiano.» Los invitados al programa de hoy serán: el cuarteto de batería Roberto Gatto, el trío pianista Mario Piacentini, el grupo Mamo Gang y el quinteto del contrabajista Giovanni Tomaso.

Tipo de programa	Título del programa
Noticias	Telediario
Película	?
?	Los mundos de Yupi
?	Jazz entre amigos
Serie	?
Concurso	?
?	Ultimas preguntas
?	Mi nombre es Celia Cruz

Preguntas:
1 ¿Quién pierde un papel en el suelo?
2 ¿A quién buscan los niños?
3 ¿Cómo se llama la película argentina?
4 ¿Cómo se llama el programa para los turistas?
5 ¿Dónde está el oro?

B De fiesta

España en fiestas

España en fiestas

TODOS los días del año, en algún rincón de España, se celebra una fiesta o un festejo. No es raro que, en el mismo día, coincidan dos o más festividades en lugares distintos. De esa forma, España tiene, cuando menos, 400 o 500 fiestas variopintas y diversas, a lo largo del año, en todo su suelo. Entre las fiestas religiosas, las procesiones y las romerías son las más numerosas. Entre las laicas, en primerísimo lugar, los toros, vaquillas y encierros, seguidas de competiciones deportivas, músicas y charangas, fuegos artificiales... Pero, además de esas fiestas tan comunes en muchos países europeos, España puede presumir de un amplio catálogo festivo absolutamente particular. Piensen en grandes ciudades, con «fenómenos» como las fallas de Valencia o los sanfermines de Pamplona. Piensen también en lugares pequeños, el Rocío de Almonte o la Patum de Berga. España entera es una fiesta...

Esta persona describe las fiestas anuales en España.
Une las fiestas en la lista con la fecha correcta.

Los carnavales	6 enero
El día de la Ascensión	febrero
Las fallas de Valencia	19 marzo
La Feria de Abril	abril
La Constitución	24 junio
El Pilar	7 julio
Los Reyes Magos	25 julio
San Juan	15 agosto
San Fermín	12 octubre
Santiago	6 diciembre

Estudia la lista de pueblos en fiestas.

Pueblos en fiestas

Ainzón (a 68 kilómetros de Zaragoza).—Diana, misa, vaquillas, cine, encierro, bailes y toro de fuego.

Alfamén (a 47 kilómetros de Zaragoza).—Diana, encierro, maratón local, café-teatro, vaquillas, futbol-vaca y baile.

Asín (a 100 kilómetros de Zaragoza).—Juegos infantiles, concursos de guiñote, futbol, baile y fuegos artificiales.

Biescas (a 75 kilómetros de Huesca).—Concurso de natación, carrera ciclista, festival de jota por el grupo Santiago de Sabiñánigo, sesiones de baile tarde y noche y toro de fuego.

Candasnos (a 110 kilómetros de Huesca).—Tiro al plato, misa, cucañas infantiles, futbol, pasacalles con charanga y cabezudos, cine y baile.

Caspe (a 101 kilómetros de Zaragoza).—Carreras ciclistas, gimkana, exhibición canina, vaquillas, baile-verbena, traca luminosa, toros de fuego y baile fin de fiestas en el pabellón.

Cimballa (a 132 kilómetros de Zaragoza).—Diana, tenis, futbito, baile, entrega de premios a los vencedores en los distintos concursos y competiciones, verbena, toro de fuego y fin de fiestas.

Mainar (a 75 kilómetros de Zaragoza).—Ronda aragonesa, misa, concurso para amas de casa, final del concurso de guiñote, final del campeonato de futbolín, gimkana infantil, salida de cabezudos, baile tarde y noche, fuegos artificiales, concurso de disfraces, traca final de fiestas y entierro de la sardina.

Elige una y escribe una carta a tu amigo explicando lo que vas a hacer hoy en las fiestas.
Tu compañero tiene que adivinar en qué pueblo estás.
Cambia.
Ahora haz lo mismo con otro pueblo y escribe lo que hiciste ayer.

C De vacaciones

¿Qué tipo de viaje te gusta?
¿Cuáles son tus países favoritos?
Busca tu signo y compara.

VIAJES

ARIES busca la aventura: safaris en Kenia, visitas a Japón, Siria o Florencia o viajes a islas exóticas en los Mares del Sur. TAURO disfruta con la tranquilidad que da la naturaleza y el arte. Sus países son Irlanda y Polonia. GEMINIS pulula entre las capitales con mayor actividad: Londres, Nueva York. CANCER busca el mar. Le va Escocia y Venecia. Le encanta navegar y entre sus deportes preferidos está, sin duda, la vela. A LEO lo que le gusta es huir de las multitudes. Elige el lujo. El yate o la avioneta particular si su bolsillo se lo permite o jornadas apacibles en el campo en contacto directo con la naturaleza. VIRGO piensa que viajar en vacaciones es una pérdida de tiempo. Suiza, Jerusalén y Lyon son sus países. LIBRA vence su pereza para acudir a los festivales de Cannes y Salzburgo. ESCORPIO aprovechará su estancia en lugares como Marruecos o Noruega para encontrar la pasión. SAGITARIO siente predilección por la aventura, lo suyo sería dar la vuelta al mundo. Se conforma con Arabia o Toledo. CAPRICORNIO huye de la frivolidad. Sus viajes a Oxford o Bruselas siempre le aportan algún provecho. ACUARIO huye de la rutina. Le encantaría ir a la luna. PISCIS sueña con Alejandría y con el Sahara.

¿Sí o no?

1 A LEO le gusta estar con mucha gente.
2 ACUARIO quiere viajar a otro planeta.
3 CANCER quiere estar cerca del agua.
4 A VIRGO le gusta viajar.
5 TAURO quiere vacaciones con un poco de silencio.
6 Inventa más frases y pregunta a tus compañeros.

La introducción de un programa de televisión.
¿De qué se trata?

1 ¿Cuántos programas harán?
2 ¿Cuántos jóvenes participarán en la aventura?
3 ¿Qué aventuras tendrán?
4 ¿Adónde irán?
5 ¿Cómo se seleccionarán?
6 ¿Quién tuvo la idea del programa?
7 ¿Cómo se llama la presentadora?

A C T I V I D A D **11**

A través de las veinte ediciones del programa-concurso "Aventura 92", que se emite de lunes a viernes, a las 10.30 de la mañana, por TVE-1, se seleccionará a los doscientos jóvenes españoles que tendrán la oportunidad de recrear el tercer viaje de Cristóbal Colón, en el que descubrió el río Orinoco. Miguel de la Quadra Salcedo —impulsor de la idea y director de este proyecto, que forma parte del programa oficial del V Centenario— e Inka Martí presentan este espacio, bajo las órdenes de José Antonio Plaza.

Entre los participantes se seleccionará a los doscientos jóvenes españoles que recrearán el tercer viaje de Cristóbal Colón. José Antonio Plaza es el director de este programa.

FORMA PARTE DEL PROGRAMA OFICIAL DEL V CENTENARIO

De lunes a viernes
AVENTURA 92
EN BUSCA DEL RIO ORINOCO

H ACE veinte años —cuenta Miguel de la Quadra Salcedo— descubrí en Creta una placa que recordaba el crucero por el Mediterráneo que llevaron a cabo, en 1932, la Facultad de Filosofía y Letras y la Escuela de Arquitectura de Madrid. Aquello me impactó y se me ocurrió que sería importante poder marcar a toda una generación con una impronta cultural hacia América". El origen de esta "Aventura 92" empezó a prepararse hace ocho años, y de la misma ya se han materializado dos experiencias, en el 85 y en el 87, en las que se han revivido los dos primeros viajes del descubrimiento de las Américas.

A C T I V I D A D **12**

Este año el barco seguirá la ruta de un viaje de Colón.
La última vez siguió otro viaje de Colón.
¿Cuáles son las diferencias entre los dos viajes?
Escucha las dos descripciones y rellena la ficha en la página 217:

	Pasado	**Futuro**
El año		Este año
El viaje de Colón		
El nombre del barco		Guanahani
El número de jóvenes		
Sus edades		
Número de nacionalidades		
Lugares visitados		
Actividades		
Puerto de vuelta		
Duración		

Lee el anuncio para La República Dominicana.

República Dominicana.
9 días desde 124.500 pts.*

El primer español que visitó la actual República Dominicana, quedó prendado de sus playas doradas y sus verdes palmeras, de su clima tropical y de la hospitalidad de su gente.

Hoy, este hermoso país tiene aún más atractivos. Porque ahora, además de admirar el paisaje, nadar y tumbarse al sol, puede practicar submarinismo, pasear por callejuelas coloniales, bailar en sus discotecas, jugar al golf o al tenis...

Y todo esto al alcance de sus pesetas.

Ahora el corazón del Caribe está muy cerca con Iberia. En un confortable viaje, rodeado de atenciones.

Infórmese en su Agencia de Viajes o en Iberia, Líneas Aéreas de España.

SECRETARIA DE ESTADO DE TURISMO
La República Dominicana

IBERIA
LINEAS AEREAS DE ESPAÑA

Para mayor información envíe este cupón al Apartado 22+2 - Madrid.

Nombre
Dirección .... Teléf.
Población .... C.P.

* Incluye avión, alojamiento, desayuno en el hotel y traslados aeropuerto-hotel-aeropuerto.

1 ¿Por qué volvió Colón, según el anuncio?
2 ¿Qué ofrece el país para el turista?
3 ¿En qué zona está?
4 ¿Qué incluye el precio?

El año pasado un grupo de doce jóvenes españoles decidieron viajar a Sudamérica. ¿Qué aventuras tuvieron?

EXPEDICIÓN A SUDAMÉRICA

El año pasado un grupo de doce jóvenes españoles decidieron viajar a Sudamérica. Salieron de España el doce de abril. Al mes y medio de llegar, se quedaron sin dinero y empezaron a vender sus cosas y a hacer todo tipo de trabajos. Tuvieron un accidente y en el grupo hubo problemas de convivencia, de manera que tres de ellos volvieron antes del tiempo previsto.

En todas partes los recibieron maravillosamente y les dieron trabajo, les facilitaron alojamiento y los ayudaron económicamente.

Así, en Perú hicieron anuncios de televisión para una marca de cerveza, vestidos con el traje típico andaluz, y en Argentina y Bolivia batieron dos records del mundo. En Bolivia corrieron y ganaron el motocross más alto del mundo, y en Argentina escalaron en invierno una montaña en la cordillera San Martín por primera vez en esta época del año.

Bajaron el Amazonas en un barco que construyeron ellos mismos en Perú y tuvieron innumerables aventuras más.

Hicieron muchos y buenos amigos, tantos que seis del grupo decidieron quedarse a vivir en Sudamérica y uno de ellos se casó allí.

Los que volvieron no trajeron nada, sólo una mochila y muchísimas películas y fotografías, pero todos estuvieron de acuerdo en que el viaje, aunque difícil, había sido una experiencia inolvidable.

1 Su dinero no duró mucho. ¿Cuánto tiempo?
   ¿Qué hicieron para ganar dinero?
2 Estuvieron en la televisión. ¿Por qué?
3 Batieron dos records mundiales. ¿Cuáles?
4 Viajaron en barco por el Amazonas. ¿Quién lo construyó? ¿Dónde?
5 Algunos se quedaron en América. ¿Cuántos?
6 Algunos se casaron en América. ¿Cuántos?
7 Algunos volvieron a España. ¿Cuántos? ¿Qué trajeron?
8 Escribe todos los verbos en el infinitivo.
   Algunos son nuevos.
   ¿Qué significan?

15

Lee los anuncios de gente buscando compañeros de vacaciones.

Necesitas unas vacaciones pero no tienes a nadie para acompañarte. Escribe un anuncio similar.

▶ **compañera de viaje** para Semana Santa. María. 21 60 12.

▶ **gente** interesada en hacer excursiones y travesías por montaña en bicicleta. José Antonio. 55 23 92.

▶ **persona** de 19 a 23 años que quiera visitar Inglaterra este verano, durante un mes y gastando unas 100.000 ptas. en total. Viajaremos juntas. Ana Mar. 38 96 94 (comida).

¿Qué te gusta hacer?
¿Dónde quieres ir?
¿Para cuánto tiempo?
¿Cómo quieres viajar?
¿Qué edad prefieres?
¿Cuánto dinero
  quieres gastar?

16

En grupos de tres o cuatro: busca a un compañero con quien ir de vacaciones. Usa las preguntas de la Actividad 15. El grupo decide las vacaciones más interesantes.

D Problemas y Consejos

17

Antes de salir de vacaciones.
Escribe una lista de consejos para tu casa antes de salir de vacaciones. (*Use English if you wish.*)

Empieza: Hay que . . .
          No hay que . . .
          Si . . . hay que . . .

Comprueba con un compañero.
Comprueba con esta lista:

- Hay que cerrar bien las entradas a su vivienda. Si es posible debe instalar una buena puerta de seguridad.
- No hay que dejar señales de que la casa está desocupada. Si un vecino puede recoger su correspondencia, mejor.
- No hay que dejar las llaves en escondites improvisados. Si quiere dejar un juego de reserva hay que dejarlo con alguien de su confianza.
- No hay que dejar joyas ni dinero en casa. Cualquier entidad de ahorro puede ocuparse de su custodia.
- No hay que comentar su ausencia ni dejar notas indicando cuándo piensa regresar.
- Hay que tener un inventario de sus objetos de valor, anotando Números de fabricación, características o tomando fotografías.

Si Vd. no sale de vacaciones, hay que recordar que la mayor seguridad es, sobre todo, la solidaridad.

- No hay que abrir la puerta de la finca a desconocidos.
- Hay que utilizar la mirilla y la cadena de seguridad.
- Hay que llamar al 091 en caso de oir ruidos u observar cosas extrañas.

Une los dibujos con el texto en la página 219.

> ¡ **A t e n c i ó n !**
>
> una finca   } = *two words to describe*
> una vivienda }   *a home*
>
> la mirilla = *spy-hole in the front door*
> cadena de seguridad = *security chain*

E Juegos y actividades

Sopa de letras
Busca seis medios de transporte

T	T	Q	X	M	D	Y	Q	T	V	X
R	A	R	E	G	E	H	P	U	X	S
S	U	O	V	J	Y	I	O	W	S	A
G	T	P	W	A	I	J	P	K	R	R
F	O	B	O	V	H	Z	I	L	B	I
E	B	I	C	I	C	L	E	T	A	J
X	U	A	M	O	T	O	R	A	R	D
J	S	Z	C	N	G	E	N	B	C	E
H	H	Y	F	E	N	M	D	C	O	F
E	N	M	I	J	Z	Y	W	U	V	P

¡Elige Bien!

¿Qué hay en el folleto?
¿Cuál es la realidad?
Busca diez diferencias entre los dos dibujos.

Ejemplo: En el folleto hay mucho sol.
En la realidad llueve mucho.

En el folleto

En la realidad

ser/estar

Las vacaciones de los señores Nogueras.
En esta descripción de vacaciones faltan todos los
ejemplos de los verbos **ser** y **estar**.

1 Busca el sitio de los verbos en el texto.
2 Escribe la forma correcta del verbo adecuado.
3 Comprueba con un compañero.

Los señores Nogueras siempre van a la playa en agosto.
Sus vacaciones cortas pero muy agradables. Pasan quince
días en un camping, al lado del mar Mediterráneo, cerca
de Torredembarra. El camping muy grande y muy limpio.
Siempre lleno de gente en verano. Los señores Nogueras
no tienen una tienda, tienen un bungalow que pequeño
pero muy bonito. Ellos contentos porque tienen todo lo
necesario. Los servicios del camping muy bien y la playa
preciosa. Tienen muchos amigos y organizan fiestas y
competiciones deportivas con ellos.

gustar

Ejemplo:

1 Juan quiere ir al fútbol porque . . . .
Juan quiere ir al fútbol porque le gusta el fútbol.

Continúa:

2 Nosotros queremos comprar discos porque . . . .
3 Los señores Nogueras van a la costa porque . . .
4 Cada sábado voy a una discoteca porque . . . .
5 Tenemos dos gatos y tres perros en casa porque . . .
6 Tengo miedo de visitar a mi amigo porque tiene un perro y . . . . . . los perros.
7 No voy a América porque hay que ir en avión y . . . .
8 ¿Por qué no quieres venir al cine conmigo? ¿ . . . . . . el cine?

Vocabulario

Verbos	**Verbs**
aburrirse	to get bored
(me aburro)	(I'm getting bored)
adelgazar	to slim
batir	to beat, to break (a record)
buscar	to look for, to meet (a person)

casarse	to get married	cabezudo	bighead, carnival figure with a big head
construir	to build, to construct		
decidir	to decide		
dejar	to leave (something)	carroza	carnival float
divertirse	to have fun	charanga	street brass band (music)
(Me divierto)	(I'm having fun)		
durar	to last	encierro	custom of running small bulls in a makeshift bullring
entrar	to go in, to enter		
estar de acuerdo	to agree		
ganar	to earn (money), to win	fuegos artificiales	fireworks
		gigante	giant
olvidar	to forget	vaquillas	small bulls, calves
persuadir	to persuade		
quedarse	to stay, to remain	alojamiento	lodgings, accommodation
recoger	to collect, to clear things away		
		concurso	quiz, competition
seleccionar	to select	correspondencia	correspondence
traer	to bring	desconocido	unknown person, stranger
vestirse	to get dressed		
		detalle (f)	detail

Adjetivos — **Adjectives**

aburrido	bored, boring	entrada	entrance (to a house)
(Estoy aburrido)	(I am bored)	fabricación (f)	manufacture
(Es aburrido)	(It's boring)	folleto	brochure
agradable	pleasant	grupo	group
cruel	cruel	joyas	jewels
divertido	enjoyable, fun	llave (f)	key
emocionante	exciting	puerta	door
intelectual	intellectual	quince días	a fortnight
interesante	interesting	señal (f)	sign, clue
peligroso	dangerous	serie (f)	series
relajante	relaxing	suelo	floor
sano	healthy	sugerencia	suggestion
violento	violent	tienda (de camping)	a tent
		traje (m)	suit
		ventana	window
		vivienda	house, home

Nombres — **Nouns**

ajedrez (m)	chess	aunque	although
natación (f)	swimming	(una persona) de confianza	(a) trustworthy (person)
paracaidismo	parachuting		
pesca	fishing	entre	between, amongst
		inolvidable	unforgettable

Las fiestas — **Fiestas**

becerrada	(see 'encierro')	juntos	together
		la última vez	the last time

Lección 2

ACTIVIDAD 6

Estudiante B: *Decide on a short list of items you might like to order from a bar. Ask* Estudiante A *if he/she has them:*

¿Hay patatas? etc.

Then order something: Quiero . . . etc.

Now look at the list below of things you might have in your bar.
From the list decide which **four** *items you* **do not** *have.*
Don't tell Estudiante A *what they are!*

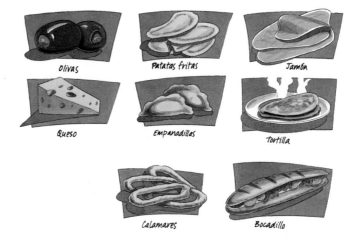

Olivas   Patatas fritas   Jamón

Queso   Empanadillas   Tortilla

Calamares   Bocadillo

Estudiante A *will ask you what you have in your bar.*
You answer. Estudiante A *will order something.*

ACTIVIDAD 12

Estudiante B: *Ask questions about where* Estudiante A *is from, where he/she lives, what he/she does and then offer him/her a drink.*

Now Estudiante A *will ask you the same questions:*

Your details:
Escocés/Escocesa
De Glasgow
Vives en Edimburgo
Representante de una compañía de bebidas
¿Qué quieres beber?

Lección 3

Ejemplo: **Belchite**/Zaragoza

A: ¿Dónde está Belchite?

B: Está en el noreste de España.

A: ¿Está cerca de Zaragoza?

B: Sí.

A: ¿A cuántos kilómetros está?

B: A cuarenta y cinco kilómetros.

Answer questions from Estudiante A.
Here is your information:

Mendoza/oeste de Argentina	Toledo/centro de España	Riobamba/centro de Ecuador
↑	↑	↑
1000 km	80 km	200 km
↓	↓	↓
Buenos Aires	Madrid	Quito

Now ask about the following places:

León/Ciudad de México
Terrassa/Barcelona
Arequipa/Lima

Estudiante B: *Make up five questions about this text.*

Fernando Rey, el famoso actor español, es de La Coruña, una ciudad pequeña que está en el oeste de España a 600 kilómetros de la capital del país, Madrid.

Estudiante A *will ask you some questions in Spanish about this text. Answer them.*

Now ask your questions about Mario Vargas Llosa.
Estudiante A *will answer.*

Look at this postcard.

ACTIVIDAD 11

Hostal - Restaurante
Moli - Vell

1 *Make up some questions about it.*
2 *Exchange postcards with* Estudiante A.
3 *Ask* Estudiante A *your questions.*
4 *Together compare the differences between the two postcards.*

ACTIVIDAD 15

Look at the map. Estudiante A *will ask you about some streets. Tell him/her where they are.*

Estudiante B: Pregunta por   la calle Calderón
                                  la calle Milagros
                                  la calle Asalto
                                  la calle Alta

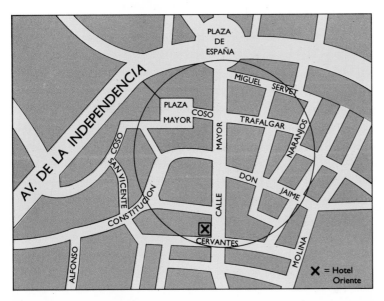

X = Hotel Oriente

Estudiante B: *The following are indicated both on your map and* Estudiante A's *map:*

1 un banco
2 un restaurante
3 un cine
4 la Telefónica
5 la Comisaría de Policía

Ask Estudiante A *the position of some of the places on his/her map. They are:*

6 una discoteca
7 un parque
8 un supermercado
9 una piscina

Now Estudiante A *will ask you the position of some of the places on your map. They are:*

10 la oficina de turismo
11 el hotel
12 una farmacia
13 una gasolinera

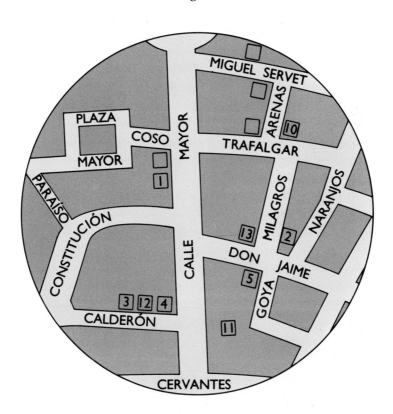

Lección 4

Estudiante B: Estudiante A quiere reservar una habitación en tu hotel.
Pregunta: la clase de habitación
         noches
         pensión
         fecha

Estudiante B: **1** *Ask* Estudiante A *(in Spanish) about the facilities of Hotel Ariel Park. Use the symbols in* Actividad 11 *to help you.*

Ejemplos: ¿Es grande?
          ¿Es moderno?
          ¿Hay piscina?

2 *Look at the details of Hotel Torre Dorada given below. Estudiante A will ask you questions in Spanish about its facilities.*

HOTEL
TORRE DORADA ******
AVILES, 2
BENIDORM   5626

NIÑOS GRATIS

PRECIOS POR PERSONA Y DIA	P.C.	Dto. niños 2 a 11 años	Dto. 3.ª pers.	OBSERVACIONES
Mayo	2.175			(*) Excepto del 16 julio
Junio	2.300	1.º:		al 31 agosto y
1-15 julio	3.450	100 %		septiembre: 50% descuento.
16 julio al 3 agosto y 18-31 agosto	3.590		15 %	
4-17 agosto	3.790	2.º:		Recogida transporte:
Septiembre	2.950	50 %		Hotel Sirena.
Octubre	2.475	(*)		

Lección 5

Estudiante B: Estudiante A *will say some times. You write them down.*
Check with Estudiante A.
Now you say these times:

1	03.30	4	05.15
2	16.45	5	18.25
3	11.00	6	07.30

Estudiante A *writes them down.*
Check.

Lección 6

1 Estudiante B: Tú tienes la lista de compras.

Estudiante A tiene la cuenta. Pregunta los precios.

Ejemplo: **B:** ¿Cuánto vale el pan?
         A: El pan vale ciento veinte pesetas.
         B: ¿Cuánto valen las naranjas?
         A: Valen 300 pesetas.

Escribe los precios en tu lista.

pescado

carne

queso

piña

patatas

naranjas

lentejas

barra de pan

2 Tú tienes la cuenta.
Estudiante A tiene
la lista de compras.

```
64006265   3  9720 1488 467    16FEB90

00006 PESCADERIA         1      2661
00007 QUESOS             1      1113
00008 FIAMBRES           1       892
00007 QUESOS             1       276
00005 NARANJAS 4KG.      5       975
00005 LIMONES 1KG.       1        65


     TOTAL COMPRA SUPER         5982


64006265   9  9720 1488 467    16FEB90
   1 4 6 9 5 0 0 1 0 1
     TOTAL COMPRA SUPER         5982
           CARGO EN CTA         5982

               5982
   MUCHAS GRACIAS POR SU VISITA
```

Lección 7

Estudiante B: Lee los 'Datos útiles' de Lanzarote.
Estudiante A quiere información.
Da la información.

Lanzarote: sol y lava

DATOS UTILES

Hoteles
El más famoso, y el más caro, es Las Salinas Sheraton, en Costa Teguise (cinco estrellas, lujo; 16.950 ptas. habitación doble. Telf.: 81 30 40). Pero nosotros os recomendamos otros dos más tranquilos, menos «multinacionales» y más baratos: el Hotel los Farriones, en Puerto del Carmen, con piscina, junto a la playa y con un precioso jardín tropical (cuatro estrellas; 7.500 ptas. habitación doble. Telf.: 82 51 75) y, mucho más barato, en Playa Blanca, el Hotel Playa Blanca (dos estrellas; 1.400 ptas. habitación doble. Telf.:

83 00 46): limpio, confortable, sin pretensiones y sobre el mar.

Restaurantes
En Costa Teguise (Las Cucharas), La Chimenea, ambiente romántico y buenos pescados elaborados con diferentes salsas. Los Molinos (Urbanización los Molinos), con pescados fresquísimos de la isla.
En Punta Mujeres, muy cerca de los Jameos del Agua, el Típico Canario, sin pretensiones y con buenas materias primas: *papas arrugás*, pulpitos con mojo verde y pescaditos fritos de la costa canaria; con terraza.

Y al sur, en Playa Blanca, el Playa Blanca, un chiringuito sobre la playa: estupenda parrillada de pescado, gambas al ajillo o sopa canaria de verduras.

Compras
Para electrónica, tabaco y productos libres de impuestos en general, en Arrecife tenéis los bazares indios de Sam, en el paseo Marítimo.
En Arrecife, Artesanía Lanzarote (Alicante, 5): bordados y alfarería de la isla. Vinos rosados y buenos malvasías lanzaroteños en San Bartolomé: Bodegas el Grifo (carretera de Masteche) y Bodegas Mozaga, en el pueblo.

Prepara seis preguntas:

¿Cuántos/as	está?
¿Cómo	hay?
¿Cuánto	se llama?
¿Dónde	es?
¿Cómo	cuesta?
¿Qué	hay?

Pregunta a Estudiante A sobre los hoteles, los restaurantes y las compras de la Costa Blanca. Completa la información en la página 239.

	N°.	Nombre	Precio	Situación	Descripción	Especialidad
Hoteles						
Restaurantes						
Bares						
Tiendas						

Lección 9

Estudiante B: Explica tus problemas a un amigo.
Da consejos a un amigo.

Problemas

1 No tienes piso.
2 No te gusta tu trabajo.
3 Todos tus amigos tienen novio/novia.

Lección 10

Estudiante B: 1 Tienes un billete.
Pregunta a Estudiante A a dónde quiere ir, cuándo quiere
ir y si quiere ida y vuelta. Estudiante A necesita más
información del billete. Explica.

2 Mira los detalles. Quieres un billete.
Estudiante A te pregunta lo que quieres. Pregunta a
Estudiante A y completa los detalles.

¿Dónde?	Madrid
¿Cuándo?	14/8
¿Ida y vuelta?	Sí
Hora de salida:	. . . . . .
Hora de llegada:	. . . . . .
Precio:	. . . . . .
Tipo de tren:	. . . . . .

A C T I V I D A D **9**

1 Estudiante B: Tienes todos los detalles de un billete de
Zaragoza a Logroño. Estudiante A necesita la
información. Te pregunta.

▶

2 Ahora tienes que completar la información para el
horario de trenes de Zaragoza a Pamplona. Necesitas el
tipo de tren, la hora de salida y la hora de llegada.
Pregunta a Estudiante A.

◀

ZARAGOZA

	SALIDA	LLEGADA	
EXPRESO (1)	3'49	6'03	
EXPRESO	4'54	6'44	
INTERURBANO	7'30	9'50	
AUTOMOTOR	12'02	14'29	Circula del 7-VII al 10-IX
INTERURBANO	12'30	15'15	
ELECTROTREN	13'07	15'07	
INTERURBANO	14'17	16'40	
ELECTROTREN	16'15	18'09	
INTERURBANO	16'20	19'33	
ELECTROTREN	17'16	19'05	
EXPRESO	21'30	23'57	
EXPRESO	00'56	3'30	(1)

 RENFE

LOGROÑO

ZARAGOZA

	SALIDA	LLEGADA	
EXPRESO	3'20	5'43	
		6'27	
INTERURBANO	6'10		
INTERURBANO (1)		11'18	Cambio en Castejón solo días laborables.
	11'13	13'05	
INTERURBANO	12'35		
AUTOMOTOR	14'50	17'15	
EXPRESO	15'30	17'39	
ELECTROTREN		18'33	(1) Cambio en Castejón.
INTERURBANO (2)	17'30		(2) Cambio en Castejón.

Horarios hasta el 24 - 9 - 88

RENFE

PAMPLONA

A C T I V I D A D **13**

Estudiante B: Tienes la información de lo que ofrece la estación de esquí que se llama Formigal. Estudiante A tiene el anuncio del autocar que va esta estación de esquí.

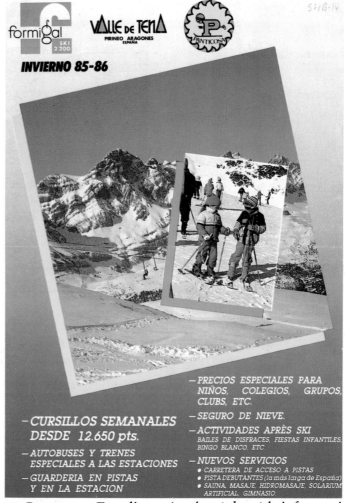

1 Pregunta a Estudiante A sobre (*about*) la información del viaje:
el horario
de dónde sale
el precio
lo que hay en el autocar
cómo reservar una plaza
quién lo organiza

Escribe la información
Comprueba con Estudiante A.

2 Estudiante A te preguntará sobre Formigal.

Estudiante B (**Estudiante C:** página 236)

Problema: Organizar una reunión (*a meeting*) entre los tres.

Ejemplo

A: ¿Estarás libre el martes por la mañana?

B: Sí, estaré libre.

C: No estaré libre. Tengo clase por la mañana.

	Mañana.	Tarde.
1 S		
2 D		
3 L	10.30 clase de dibujo	6 ir al Médico
4 M		7 Cine
5 Mi	Entrenamiento de Hockey	
6 J	clases toda la mañana	
7 U		7 Cine

Lección 11

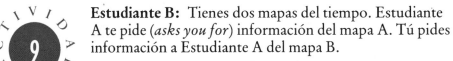

Estudiante B: Tienes dos mapas del tiempo. Estudiante A te pide (*asks you for*) información del mapa A. Tú pides información a Estudiante A del mapa B.

Preguntas: ¿Qué tiempo hace en ...... ?

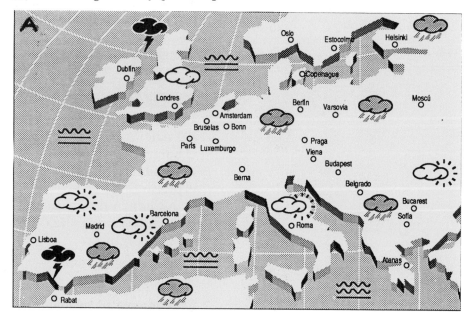

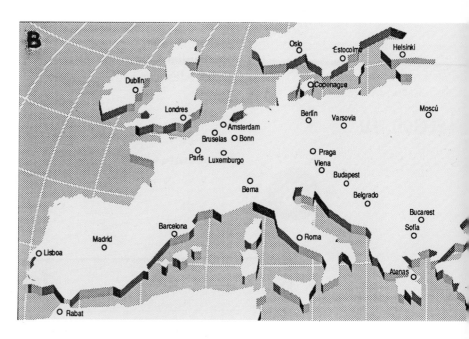

Estudiante B

1 Estudiante A te llama. Contesta.
Habla de tu salud (estás mal y cansado/a). No quieres salir.

2 Llama a Estudiante A y habla de tu casa (nueva, mucho trabajo, etc.) y de tu trabajo.

Lección 12

Respuesta: Humphrey Bogart

Lección 14

1 **Estudiante B:** Estudiante A te invita a salir.
Prefieres estar en casa. ¿Por qué?
Quieres saber más detalles.
¿Puede persuadirte Estudiante A?

2 Invita a Estudiante A.
Invítale a una discoteca
o   a un teatro
o   a un partido de fútbol
o   a las tres cosas
Estudiante A prefiere estar en casa.
¿Puedes persuadirle?

Lección 10

ACTIVIDAD 18

Estudiante C:

	Mañana.	Tarde.
1 S		
2 D		
3 L	10 Dentista	
4 M	Clase toda la Mañana	6 Visita al abuelo
5 Mi		6.30. Cine – Gloria
6 J		Clase hasta las 5
7 U	Visita al 300 con la clase	7 Discoteca – Gloria

Gramática

Nombres sustantivos   *Nouns*

Género   *Gender*

Nouns are either masculine or feminine.
Most nouns which end in **-o** *are masculine.*
Most nouns which end in **-a** *are feminine.*

el libro
la casa

However, there are exceptions to this rule:
el día
la mano

There are also many other types of noun endings which follow no regular pattern:
el coche
la calle

Some nouns can be either masculine or feminine.
For masculine nouns ending in **-o***, substitute* **-a** *to form the femine:*

el camarero
la camarera   (1)

If the masculine form ends with a consonant, add **-a** *to form the feminine:*

el profesor
la profesora   (1)

Nouns ending in **-e** *are the same in both masculine and feminine forms:*

el estudiante
la estudiante   (1)

Some nouns ending in -a *are both masculine and feminine:*

el artista   **el** guía
la artista   **la** guía

There are also some nouns which do not conform to any of these rules:

el actor   el príncipe
la actriz   la princesa

Plural   *Plural*

Plurals for nouns ending in vowels are formed by adding **-s***:*

el libro   **la** casa   **el** estudiante
los libros   **las** casas   **los** estudiantes

Plurals for nouns ending in consonants are formed by adding **-es***:*

el color
los colores

El artículo determinado/definido (Lecciones 1, 3, 5)   *The definite article*

The definite article is indicated as follows:

	Masculino	Femenino
Singular	el libro	la casa
Plural	los libros	las casas

Note: The definite article is used in the following examples where it is omitted in the English equivalent:

Los españoles comen a las dos
Spaniards eat at two
La vida es cara   *Life is expensive*

Note: Feminine nouns with a stressed a as their first letter take el as the definite article:

El agua está fría   *The water is cold*

Contracciones   *Contractions*

Contractions only occur in two cases. Both involve the masculine definite article el:

a)   *when preceded by the preposition a:*
   a + el = al
   Voy al cine
   I'm going to the cinema   (5)

b)   *when preceded by the preposition de:*
   de + el = del
   El propietario del restaurante
   The owner of the restaurant

El artículo indeterminado/indefinido (Lecciones, 1, 2, 6)   *The indefinite article*

The indefinite article is indicated as follows:

	Masculino	Femenino
Singular	un libro	una casa
Plural	unos libros	unas casas

Note: The indefinite article is not used in the following cases:

Professions: María es camarera
María is a waitress   (1)

Questions and negations:
¿Tienes hermanos?
Do you have any brothers or sisters?
No, no tengo hermanos
No I don't have any brothers or sisters   (1)
¿Hay olivas?   *Are there any olives?*
No, no hay olivas
No, there aren't any olives   (2)

Plurals: Quiero pasteles
I would like some cakes   (6)

Conjunciones *Conjunctions*

y (copulativa)

¿**Y** usted? *And you?* (1)
Estoy resfriado **y** tengo fiebre
I have a cold and a fever (8)

Note: **y** *before* **i** *becomes* **e**

Ella tiene nacionalidad española **e** inglesa
She has Spanish and English nationality

o (disyuntiva)

Ella bebe coca cola **o** tónica
She drinks coca cola or tonic (8)

Note: **o** *before* **o** *becomes* **u**

¿Quieres éste **u** otro?
Do you want this one or another one?

Adjetivos calificativos *Qualifying adjectives* (Lecciones 4, 5, 6, 11)

Concordancia *Agreement*

Adjectives agree in number and gender with the noun they are qualifying:

	Masculino
Singular	El hotel es modern**o**
Plural	Los hoteles son modern**os**

	Femenino
Singular	La habitación es modern**a**
Plural	Las habitaciones son modern**as** (4)

Note: As in the case of nouns, -o endings for masculine and -a endings for feminine. But adjectives ending in a consonant do not change their form:

un coche azul   *a blue car* (6)
una bicicleta azul   *a blue bicycle*

Nationalities, however, retain the same rule as for nouns:

un chico inglés   *an English boy*
una chica inglesa   *an English girl*

Posición *Position*

Most adjectives occur immediately after the noun:

un chico simpático   *a nice boy*
una mujer fuerte y enérgica
a strong, energetic woman (5)

Exceptions: Some adjectives can occur before the noun. When they do, the form changes in some as follows:

el tiempo es bueno   *the weather is good*
hace buen tiempo   *it's good weather* (11)
el tiempo es malo   *the weather is bad*
hace mal tiempo   *it's bad weather* (11)

*Note: In these cases the feminine form does **not** change when occurring before the noun:*

es un buen chico   *he is a good boy*
es una buena chica   *she is a good girl*

Note: A few adjectives change their meaning according to their position:

es un gran hombre   *he is a great man*
es un hombre grande   *he is a big man*

Adjetivos posesivos *Possessive adjectives* (Lecciones 1, 9, 13)

See Lección 13 *for full details of possessive adjectives. Possessive adjectives agree in gender and number with the object 'possessed' and **not** with the 'possessor'. So:*

su coche   ***his*** *car*
        or
      her *car*

Note: For parts of the body, the possessive adjective is not normally used; the definite article is used instead:

me duele **la** cabeza   ***my*** *head hurts*   (13)
              (I have a headache)
se ha roto **la** pierna   *he has broken **his** leg*

Note: The preposition **de** *is also used to express possession:*

el pasaporte **de** mi hija
my daughter's passport   (13)

Pronombres personales *Personal pronouns*

Sujeto *Subject*

Yo soy mecánico
¿Tú eres española?
El/Ella/Usted es de Madrid   (1)

Nosotros (m) somos profesores
Nosotras (f) somos camareras
¿Vosotros (m) sois estudiantes?
¿Vosotras (f) sois estudiantes?
Ellos (m) son de Colombia
Ellas (f) son de Perú
¿Ustedes son de Colombia?   (3, 8)

Subject personal pronouns are normally only used for emphasis and are omitted in normal conversation:

A: ¿Qué eres?

B: Soy mecánico.
     ¿Y qué eres tú?

A: Yo soy camarera

Note: The formal address in Spanish is **Usted** *or* **Ustedes**, *often abbreviated to* **Vd** *or* **Vds** *in*

the written form. This is used in the third person form:

¿Usted es española?

The **Usted** *form is used in formal situations or when addressing someone you do not know. Most young people of a similar age and status use the* **tú** *form from their first meeting.*

Objeto *Object*

1 Atonos (*without accent and stress*)

Singular	**Plural**	
me	nos	⎱*Direct and indirect*
te	os	⎰*objects*

¿Qué te pasa?   *What's the matter?*   (12)
Me duele la cabeza
I have a headache (My head hurts me)   (13)
Os invitamos a nuestra boda   *We invite you to our wedding*   (9)

Singular   Plural

lo/la   los/las $\begin{cases} \textit{Direct object for things} \\ \textit{and people} \\ \textit{(masculine and feminine} \\ \textit{agreement)} \end{cases}$

A: ¿Quieres este libro?
Would you like this book?

B: Sí, lo quiero   *Yes, I'd like it*

A: ¿Tienes las entradas?
Have you got the tickets?

B: Sí, las tengo   *Yes, I have them*

A: ¿Quieres a Carmen?
Do you love Carmen?

B: Sí, la quiero mucho
Yes, I love her very much

Notes: **lo**   *neutral*

pasar**lo** bien   *to have a good time*

Singular   Plural

le   les $\begin{cases} \textit{Indirect object for people} \\ \textit{(third person and} \text{ usted)} \end{cases}$

¿Qué le pasa?
What's the matter with him/her/you?   (13)
¿Qué les pasa?
What's the matter with them/you?

Note: **le/les** *can substitute* **lo/los** *as direct object for masculine persons:*

Vi a Juan ayer   *I saw Juan yesterday*
Le vi ayer   *I saw him yesterday*

Vi a Juan y Luis ayer   *I saw Juan and Luis yesterday*
Les vi ayer   *I saw them yesterday*

2 Tónicos (*with accent and stress*)

Pronombres personales con preposición
(*personal pronouns with preposition*)

para   **mí**
a   **ti**

de   **nosotros/as**
sin   **vosotros/as**
    ellos/ellas/ustedes

Note: con + mi/ti = conmigo   *with me*
              contigo   *with you*

¿Quieres ir al cine conmigo?
Would you like to go to the cinema with me?

3 Pronombres reflexivos   *Reflexive pronouns*

Singular   Plural

me   nos
te   os
se   se

Me llamo Rosa
I'm Rosa (I call myself Rosa)   (1)
Me levanto a las siete
I get up at seven   (5)
Me encuentro mal
I feel ill (I find myself ill)   (13)
Se lava   *He washes (himself)*
Se visten   *They dress (themsevles)*

*Note: Pronouns which follow the gerund (-***ing***) form can appear in two positions:*

Me estoy bañando $\big\}$ *I am bathing*
Estoy bañándo**me**

4 *Special constructions with object pronouns*

The verbs gustar, apetecer, interesar *and others.*

Me gusta el cine
I like the cinema (The cinema pleases me)   (8)
Le interesa pintar
He's interested in painting (Painting interests him)
No me apetece   *I don't feel like it*   (9)

Note: Plural

Me gust**an** los libros   *I like books*

Pronombres indefinidos   *Indefinite pronouns*

¿**Algo** más?   *Anything else?*
Nada más   *Nothing else*
¿Quiere **alguna** cosa más?
Do you want anything else?   (6)
Nadie quiere hablar conmigo
Nobody wants to talk to me   (8)

Pronombres exclamativos   *Exclamatory pronouns*

¡Qué calor!   *What heat! (It's so hot!)*   (11)
¡Qué frío!   *What cold! (It's so cold!)*
¡Qué pena!   *What a pity!*
¡Qué suerte!   *What luck!*

Adjetivos y pronombres demostrativos
Demonstrative pronouns and adjectives (Lección 6)

Demonstrative pronouns are indicated as follows:

	Masculino	Femenino
Singular	**este** jersey *this sweater*	**esta** camisa *this shirt*
Plural	**estos** zapatos *these shoes*	**estas** chaquetas *these jackets*

In addition, a neutral form is also used:

Quiero **esto**   *I want this (one)*

Also, there are two forms for the equivalent of the English 'that', 'those':

	Masculino	Femenino
Singular	{ ese { aquel	{ esa { aquella
Plural	{ esos { aquellos	{ esas { aquellas

Neutral forms are eso *and* aquello.
Eso *etc. is used to indicate intermediate distance.*
Aquello *etc. is used to indicate further distance.*

Quiero ese jersey
I'd like that sweater (in a shop)
Vive en aquella casa
He lives in that house (indicates greater distance)

In practice they are often interchangeable.

Note: When used in the pronoun form (ie without the noun) the first 'e' is normally accented:

A: ¿Qué jersey quieres?
   Which sweater do you want?

B: Quiero éste   *I'd like this one*

Números   Numbers

Cardinales   Cardinal numbers (Lecciones 1, 2, 3, 4, 6)

The following cardinal numbers can change their form:

uno ⎫ *indicate the masculine or feminine form*
una ⎭ *of* **one.**

A: ¿Cuántos pasteles quieres?
How many cakes would you like?

B: Uno   *One*

When placed with a noun the masculine form is indicated as follows:

Quiero un pastel   *I'd like one cake*
                    or
                    I'd like a cake

Numbers 200 to 999 inclusive have a masculine and a feminine form in the hundreds:

Hay doscien**tos** chicos y trescien**tas** chicas en el colegio
There are 200 boys and 300 girls at the school

The word for **millón** *(million) has a plural form:*

un millón
dos millones

Note: Cardinal numbers are used when giving dates:

El veinticinco de julio   *the twenty-fifth of July*   (4)

Ordinales   Ordinal numbers (Lecciones 2, 3, 4)

See Lección 4 for full details.

All ordinals have masculine and feminine forms:

el cuarto piso   *the fourth floor*   (4)
la cuarta calle   *the fourth street*   (3)

Two ordinals (primero, tercero) *change their form in the masculine when placed before a noun:*

el primer piso   *the first floor*
el tercer piso   *the third floor*

Note: Ordinals are normally situated before the noun, unlike other adjectives.

Note: Dates are **not** *given as ordinals but as cardinals:*

el (día) tres de octubre   *the third of October*

An exception is:

el primero de mayo ⎫
el uno de mayo   ⎭ *the first of May*
which can use both forms.

La interrogación   *The question form* (Lecciones 1, 2 etc)

For all question forms the interrogative symbols (¿. . . ?) appear at the beginning and end of the question.

Questions in conversation are identified by a rising intonation on the final syllable:

¿Eres de Madrid?   *Are you from Madrid?*

Questions are formed by:

a) *adding the interrogation symbols to an affirmative sentence*

b) *adding the interrogation symbols and also inverting the subject and the verb*

a) ¿Juan es de Barcelona? ⎱ *Is Juan from*
b) ¿Es Juan de Barcelona? ⎰ *Barcelona?*

Pronombres y Adverbios interrogativos
Interrogative pronouns and adverbs
(Lecciones 1, 2, 3, 4, 5, 9)

The following interrogative pronouns are used to form questions:

¿Qué . . . ?   ¿Qué quieres?
What do you want? (2)
¿Qué haces?
What do you do? (5)
What are you doing?
¿Qué jersey quieres?
Which sweater do you want?

¿Cuál . . . ?   ¿Cuál es tu profesión?
What is your profession? (1)

¿Cuáles . . . ?   ¿Cuáles son tus hijos?
Which ones are your children?

(Note agreement with singular and plural.)

¿Quién . . . ?   ¿Quién es? *Who is it?*
¿Quién es de Barcelona?
Who is from Barcelona?

¿Quiénes . . . ?   ¿Quiénes son esos
señores? *Who are those people?*

(Note agreement with singular and plural.)

¿Cuánto . . . ?   ¿Cuánto pescado quiere?
How much fish would you like?

¿Cuántos . . . ?   ¿Cuántos coches hay?
How many cars are there?

¿Cuánta . . . ?   ¿Cuanta leche quieres?
How much milk would you like?

¿Cuántas . . . ?   ¿Cuántas horas trabajas?
How many hours do you work?

(Note agreement with masculine, feminine, singular and plural.)

Note: ¿Cuánto es? *How much is it?*
This form does not vary.

Note: ¿Qué . . . ? *and* ¿Cuál . . . ? *signify*
What . . . ? *and* **Which . . . ?** *in general terms:*

¿Qué quieres? *What do you want?*
¿Cuál quieres? *Which (one) do you want?*

but can mean the same in the following examples:

¿Qué coche es de Juan? *Which car is Juan's?*
¿Cuál es el coche de Juan?
Which is Juan's car?

¿Qué . . . ? *is used immediately before the noun.*
¿Cuál . . . ? *is used immediately before the verb.*

The following interrogative adverbs are also used to form questions:

¿Dónde está Belchite?
Where is Belchite? (3)
¿De dónde eres? *Where are you from?* (1)
¿A dónde va el tren?
Where does the train go? (10)

¿Cómo te llamas? *What's your name?* (1)
¿Cómo estás? *How are you?* (9)
¿Cómo es? *What's it like?* (4)

¿Cuándo es tu cumpleãnos?
When is your birthday?

¿Por qué no vas a trabajar?
Why don't you go to work? (9)
(**Porque** estoy enfermo *Because I'm ill*)

Comparativos y Superlativos   Comparatives and Superlatives

Comparativos   *Comparatives*

Comparatives are formed by adding más . . . que (more . . . than) or menos . . . que (less . . . than) to adjectives:

El talgo es **mas** rápido **que** el Electrotrén
The Talgo is faster than the Electrotrén   (10)
El Rápido es **menos** cómodo **que** el Talgo
The Rápido is less comfortable than the Talgo   (10)

In addition, tan . . . como *can be used as the equivalent of* as . . . as:

El TER es **tan** cómodo **como** el Talgo
The TER is as comfortable as the Talgo

Similarly, when used with nouns:

En diciembre hace **más** frío **que** en febrero   *In December it is colder than in February*   (11)
En junio hace **menos** calor **que** en agosto
In June it is less hot than in August.

For the equivalent of **as much/many . . . as** *the following forms are used:*

	Masculino	Femenino
Singular	En julio hace **tanto** calor **como** en agosto *In July it is as hot as in August*	No hay **tanta** niebla **como** ayer *There isn't as much fog as yesterday*
Plural	En el pueblo no hay **tantos** coches **como** en la ciudad *In the town there aren't as many cars as in the city*	Aquí no hay **tantas** discotecas como en mi ciudad *There aren't so many discotheques here as there are in my city*

Superlativos   *Superlatives*

These are formed as follows:

El coche **más** caro   *The most expensive car*
La bicicleta **más** barata   *The cheapest bicycle*
Los hoteles **más** grandes   *The biggest hotels*
Las casas **más** pequeñas   *The smallest houses*

Also:
El coche **menos** rápido   *The 'least fast' car* etc.

Used without a noun, the superlative form appears as follows:

¿Cuál es **el más** caro (de todos)?
Which is the most expensive (of all)?

The equivalent of the English 'good', 'better than', 'the best' is:

bueno
mejor . . . que . . .
el/la mejor . . . de . . .
es el mejor restaurante de Sevilla
it's the best restaurant in Sevilla

The equivalent of 'bad', 'worse than', 'the worst' is:

malo
peor que . . .
el/la peor . . . de . . .

Note: The Spanish for 'my older brother' and 'my younger sister' is:

mi hermano mayor
mi hermana menor
respectively.

The addition of **-ísimo** *to adverbs and adjectives has the effect of increasing the emphasis:*

Me gusta la película mucho
I like the film a lot

Me gusta la película muchísimo
I like the film very much indeed.

When used with adjectives the rule for masculine, feminine, singular and plural agreement applies:

	Masculino	Feminino
Singular	Es un chico altísimo (*very tall*)	Es una chica delgadísima (*very thin*)
Plural	Son hoteles grandísimos (*very big*)	Son casas carísimas (*very expensive*)

Adverbios, preposiciones, frases preposicionales de lugar
Adverbs, prepositions, prepositional phrases of place (Lección 3)

Aquí   *Here*   (Cerca de aquí   *Near here*)
Allí   *There*   (Lejos de allí   *A long way from there*)

The following add de:

cerca de la oficina de turismo
near the tourist office
lejos de Madrid   *a long way from Madrid*
enfrente del parque   *opposite the park*
debajo de la mesa   *under the table*
delante de su casa   *in front of his/her house*
detrás de su coche   *behind his car*

Also:

a la izquierda (de)   *to the left (of)*
a la derecha (de)   *to the right (de)*
al final de la calle   *at the end of the street*
al lado del restaurante   *next to the restaurant*

The following prepositions do not add de:

sobre la mesa   *above/on the table*
en la mesa   *on the table*
entre el restaurante y el banco
between the restaurant and the bank

Adverbios   *Adverbs*

Adverbios de tiempo   *Adverbs of time*
Lecciones 8, 10, 11, 13)

nunca   **Nunca** tengo tiempo libre
I never have free time   (8)

This occurs at the beginning of a sentence in this form. Otherwise it is accompanied by no:

No tengo tiempo libre **nunca**
No *tengo* **nunca** tiempo libre

siempre   **Siempre** leo por las noches
I always read at night   (8)
a veces   **A veces** vamos al cine
We sometimes go to the cinema

These two adverbs normally occur at the beginning of a sentence but can also occur immediately after the verb or after the object:

Leo **siempre** por las noches
Leo por las noches **siempre**

temprano   Voy a Santander mañana muy
temprano   *I'm going to Santander
tomorrow very early*   (10)
tarde   El Talgo sale **tarde**   *The Talgo
leaves late*   (10)
pronto   El tren sale **pronto**   *The train
leaves soon*   (10)

*These three adverbs normally occur
immediately after the verb or at the end of a
sentence.*

ahora   Está lloviendo **ahora**
It's raining now   (11)
*Note: This adverb occurs before or after the
verb.*

primero   **Primero** fui al teatro
First I went to the theatre   (12)
después   **Después** cené en un restaurante
After/then I had dinner in a restaurant   (12)
luego   **Luego** fui a una discoteca
Then I went to a discotheque   (12)

*Note: These normally occur at the beginning
of a sentence, but can also occur at the end:*

Fui al teatro **primero**

or after the verb:

Fui **primero** al teatro.

Adverbios de cantidad
Adverbs of quantity

muy   Es **muy** grande   *It's very big*   (3)
mucho   Trabajo **mucho**   *I work a lot
                                    I work hard*   (5)
demasiado   Juan fuma **demasiado**
Juan smokes too much

Adverbios de modo   *Adverbs of manner*

bien   A: ¿Cómo estás?
           B: Estoy **bien**   *I'm well*

       Carmen canta **bien**   *Carmen sings
                                well*

mal   Estoy **mal**   *I'm not well*
El equipo juega **mal**   *The team plays badly*

regular   Estoy **regular**   *I'm alright
(average)*

Adverbios en -mente
Adverbs with -mente

-mente *is the equivalent of the English* **-ly**

Como en casa **generalmente**   *I eat at home
generally*   (5)
Exactamente   *Exactly*

Adverbios de afirmación y
negación
*Adverbs of affirmation and
negation*

Sí   *Yes*

Note: si *with no accent signifies* **if**

No   *No*

*To express negation in a sentence simply place
no before an affirmative sentence before the
verb:*

No voy a las discotecas   *I don't go to discos*
No quiero más café
I don't want (any) more coffee

If the sentence has a subject, no *is placed after
the subject and before the verb:*

Juan **no** va a las discotecas
Juan doesn't go to discos

Preposiciones   *Prepositions*

*The most frequently occurring prepositions are **a** and **de**.*
They have a variety of functions:

Tiempo   *Time*

Me levanto **a** las ocho
I get up at eight o'clock
La tienda abre **de** nueve **a** cuatro
The shop opens from nine to four   (5)
Trabajo hasta la una **de** la tarde
I work until one in the afternoon

Dirección/Distancia
Direction/Distance

María va **a** la discoteca
María goes to the disco   (8)
Vamos **al** cine   *Let's go to the cinema*

Note: a + el = al.

Está **a** cuarenta kilómetros **de** aquí
It's 40 kilometres from here   (3)

Objeto directo (persona)
Direct object (person)

María quiere **a** Juan   *Maria loves Juan*
Invito **a** María   *I invite Maria*

Objeto indirecto (persona)
Indirect object (person)

Escribiré una carta **a** Carlos
I'll write a letter to Carlos

Note: **a** *can be used as emphasis in the following example:*

A María le gusta   *Maria likes it*

Otros ejemplos
Other examples

a *occurs with the infinitive after certain verbs or constructions:*

ir + **a** + infinitivo
Voy **a** esquiar   *I'm going skiing*

Te invito **a** cenar
I invite you to supper/dinner

Origen o procedencia
Origin or departure

El tren sale **de** Madrid
The train leaves from Madrid
Soy **de** Zaragoza   *I'm from Zaragoza*   (1)

Posesión o pertenencia
Possession or ownership

El pasaporte **de** mi hija
My daughter's passport

*Note the following examples of the use of **de** and compare them with the English equivalent:*

un número **de** teléfono
a telephone number   (1)
la madre **de** Yolanda   *Yolanda's mother*   (1)
el profesor **de** inglés
the English teacher   (2)
un bocadillo **de** jamón
a ham sandwich   (2)
el fin **de** semana   *the weekend*   (5)
tengo dolor **de** estómago
I have a stomach ache   (13)

Materia   *Material*

Es **de** plástico   *It's made of plastic*   (13)

Contenido/cantidad   *Content/quantity*

un vaso **de** agua   *a glass of water*
un kilo **de** patatas   *a kilo of potatoes*

Otros ejemplos   *Other examples*

Voy **de** vacaciones
I'm going on holiday   (12)
Estoy **de** vacaciones   *I'm on holiday*
Tengo dolor **de** estómago
I have a stomach ache

Note: **de** *and* **desde**, *meaning* **from** *(a place or a time) are interchangeable:*

Viajan **desde/de** Valencia
They travel from Valencia
Trabajo **desde/de** las nueve hasta la una
I work from nine to one

Otras preposiciones   *Other prepositions*

con   un café **con** leche
    a coffee with milk   (2)

Paso mi tiempo libre **con** mi familia
I spend my free time with my family   (8)

sin   Toma el café **sin** azucar
    He takes coffee without sugar

en   Vivo **en** Valencia
    I live in Valencia   (2)

por   Solo trabajo **por** la mañana
    I only work in the morning
    Viajar **por** la ciudad es difícil
    Travelling around the city is difficult   (8)

para   Quiero una habitación **para** una noche
    I'd like a room for one night   (4)
    Un billete **para** Santander por favor **para** mañana
    A ticket for Santander for tomorrow please   (10)

Verbos · *Verbs*

Presente   *Present tense*

Regulares   *Regular*

See Lección 5 *for singular*
8 for plural

	-ar	**-er**	**-ir**
	trabaj**ar** (5,8)	com**er** (5,8)	viv**ir** (2,5,8)
Yo	trabaj**o**	com**o**	viv**o**
Tú	trabaj**as**	com**es**	viv**es**
El Ella Usted (Vd)	trabaj**a**	com**e**	viv**e**
Nosotros/as	trabaj**amos**	com**emos**	viv**imos**
Vosotros/as	trabaj**áis**	com**éis**	viv**ís**
Ellos Ellas Ustedes (Vds)	trabaj**an**	com**en**	viv**en**

Ejemplos:

Trabajo en una tienda   *I work in a shop*   (5)
Visitamos a mis abuelos
We visit my grandparents
Cenan a las diez   *They have dinner at ten*
Como en casa   *I eat at home*
¿Coméis en casa?   *Do you eat at home?*
Vivo cerca de la tienda   *I live near the shop*
¿Viven en Málaga?   *Do they live in Málaga?*

Irregulares   *Irregular*

*General note: Irregular forms only occur in
the 1st, 2nd and 3rd person singular and 3rd
person plural. 1st and 2nd person plural
follow the same rules as regular verbs (see
examples below).*

1 Irregularidad vocálica   *Vowel irregularity*

a)   -e→-ie

cerrar   *to close*

cierro
cierras
cierra
cerramos
cerráis
cierran

¿A qué hora **cierra** la tienda?
What time does the shop close?

Other examples:

empezar   *to begin/to start*

¿A qué hora empieza la película?
What time does the film begin?   (6)

querer   *to want*

¿Quieres un café?
Do you want/would you like a coffee?   (2)

nevar   *to snow*

nieva   *It's snowing/it snows*

b)   -e→-i

pedir   *to ask for, to request, to order*

pido
pides
pide
pedimos
pedís
piden

Siempre **pide** un café solo
He always asks for a black coffee

Other examples:

seguir   *to follow*

Sigues esta calle   *You follow this street*   (3)

c)   -o→-ue

poder   *to be able (can)*

puedo
puedes
puede
podemos
podéis
pueden

No **puedo** ir al cine
I can't go to the cinema   (9)

Other examples:

volver   *to return*

Vuelvo a la una
I'm coming back at 1 o'clock   (5)

soler   *to usually do*

Suelo visitar a mi familia los domingos
I usually visit my family on Sundays   (8)

acostarse   *to go to bed*

Me acuesto a las once   *I go to bed at 11*   (5)

doler   *to hurt*

Me **duele** la cabeza
I have a headache (My head hurts)

costar   *to cost*

¿Cuánto **cuesta**?   *How much is it?*   (6)

llover   *to rain*

Llueve   *It's raining/it rains*

d)   -u→ -ue

jugar   *to play*

juego
juegas
juega
jugamos
jugáis
juegan

Juego al fútbol   *I play football*

Note: There are no other examples of this verb form.

2 Irregularidad consonántica   *Consonant irregularity*

a) *The substitution of one consonant for another in the 1st person singular:*

hacer   *to make/to do*

hago
haces
hace
hacemos
hacéis
hacen

A: ¿Qué haces?
B: **Hago** gimnasia

b) *The addition of a consonant to the final consonant of the infinitive root in the first person singular:*

salir   *to go out, to leave*

sal**go**
sales
sale
salimos
salís
salen

Salgo a las ocho   *I leave home at eight*   (5)

3 *Some verbs incorporate both irregular forms described in* **1** *and* **2** *(vowel and consonant)*

tener   *to have*

tengo
tienes
tiene
tenemos
tenéis
tienen

A: ¿Cuántos años **tienes**?
B: **Tengo** veinticinco años

venir   *to come*

vengo
vienes
viene
venimos
venís
vienen

A: ¿De dónde **vienes**?
     Where have you come from?
B: **Vengo** del cine
     I've come from the cinema

Presente Continuo
The Present Continuous (Progressive)

(*See* Lección 11)

Forma: estar + gerundio

	-ar	-er	-ir

estoy			
estás			
está		cenando	comiendo viviendo
estamos			
estáis			
están			

Uso *Use*

To describe things that are happening now or currently:

Estoy estudiando; no puedo salir
I'm studying; I can't go out
Estoy trabajando en una fábrica
I'm working in a factory (may be only temporary)

Note: The present simple is often used instead of the present continuous:

¿Llueve?   *Is it raining?*
Está lloviendo   *It's raining*

(They are interchangeable)

El niño duerme   *The child is sleeping*
El niño está durmiendo   *The child is sleeping*

El Futuro *The Future*

(*See* Lección 10)

Regular *Regular*

Visitaré Argentina el año que viene
I'll visit Argentina next year

Endings for the future conjugation are the same for all three verb types (-ar, -er, -ir). In the regular form, these endings are added to the infinitive:

trabajar	-é
comer	-ás
vivir	-á
	-emos
	-éis
	-án

Irregular *Irregular*

poder   podré, podrás, etc
tener   tendré, tendrás, etc
salir   saldré, saldrás, etc
venir   vendré, vendrás, etc
hacer   haré, harás, etc

(*See* Lección 10 *for examples*)

Note: The forms comeré *and* voy a comer *(*ir + infinitive, *see* Lección 9*) are used interchangeably in Spanish. They do not have the same distinction as 'I'll eat' and 'I'm going to eat' in English.*

Pretérito Perfecto   *Present Perfect*

(*See* Lección 13)

The past participle of regular verbs is formed as follows:

trabajar	trabaj**ado**
comer	com**ido**
vivir	viv**ido**

Note that -er *and* -ir *verbs take the same form of the past participle (*-ido*).*

The auxiliary verb **haber** *is conjugated as follows:*

he	hemos
has	habéis
ha	han

He trabajado mucho hoy
I've worked very hard today

Note: irregular participle   hacer   **hecho**
¿Qué has **hecho?**   *What have you done?*

Uso   Use

The use of the Pretérito Perfecto *corresponds approximately with the use of the Present Perfect in English.*

Note: This tense is not used in many Latin American countries and some parts of Spain. In these cases it is substituted by the Pretérito Indefinido *(Simple Past).*

Pretérito Indefinido   *Simple Past*

The simple past of regular verbs is formed as follows:

-ar	**-er**	**-ir**
cenar	beber	salir
cen**é**	beb**í**	sal**í**
cen**aste**	beb**iste**	sal**iste**
cen**ó**	beb**ió**	sal**ió**
cen**amos**	beb**imos**	sal**imos**
cen**asteis**	beb**isteis**	sal**isteis**
cen**aron**	beb**ieron**	sal**ieron**

Ayer salí por la noche
Yesterday I went out in the evening   (12)
Cené en un restaurante
I had dinner in a restaurante
Bailé y bebí demasiado
I danced and drank too much

The simple past of irregular forms:

The verbs **ir** *(to go) and* **ser** *(to be) are identical in this tense:*

fui
fuiste
fue
fuimos
fuisteis
fueron

Fui al teatro   *I went to the theatre*   (12)

For all other irregular verbs the irregularity occurs in the stem and not the endings, which follow the pattern described above.

hacer:	hice	**estar:**	estuve
	hiciste		estuviste
	hizo		estuvo
	hicimos		estuvimos
	hicisteis		estuvisteis
	hicieron		estuvieron

tener:	tuve
	tuviste
	tuvo
	tuvimos
	tuvisteis
	tuvieron

¿Qué hiciste ayer?
What did you do yesterday?   (12)
Estuve en la playa   *I was on the beach*   (12)
Tuve tres semanas de vacaciones
I had three weeks' holiday   (12)

Note: The pretérito indefinido *form of* **hay** *is* **hubo**.

Hubo una exposición
There was an exhibition   (12)

Uso   *Use*

This is the tense used in narrative to describe events occurring in a specified or implied time.

Note: In most of Latin America and some parts of Spain this tense is also used instead of the Pretérito Perfecto *(Present Perfect).*

Construcciones con tener
Constructions with tener

Tengo frío   *I'm cold   (I have cold)*
Tengo calor   *I'm hot   (I have heat)*

Tengo sed   *I'm thirsty   (I have thirst)*
Tengo sueño   *I'm tired   (I have sleep)*
Tengo hambre   *I'm hungry*
(I have hunger)
Tengo diecisiete años   *I'm seventeen*
(I have seventeen years)

Estructuras que indican órdenes o consejo
Structures that indicate orders or advice

(*See* Lecciones 9, 13)

$$\left.\begin{array}{l} \text{Tener que} \\ \text{Deber} \\ \text{Hay que} \end{array}\right\} + \text{infinitivo}$$

Usos de 'ser' y 'estar'   *Uses of ser and estar*

(*See* Lecciones 1, 2, 3, 4, 8, 9)

Ser	*With nouns and prepositions*	*With adjectives*
	Profesión: Soy recepcionista	*For permanent, essential qualities:*
	Nacionalidad: ¿Es español?	La casa es vieja
	Preposición: El pasaporte es de mi hija	El hotel es moderno
		Juan es simpático
	Origen: Es de Bogotá	Gloria es alta
	Material: Es de oro	
Estar	*With prepositions*	*With adjectives*
	Indicating position or situation:	*Indicating transitory temporary or accidental state, things that can change or are the result of change, state of health or mood:*
	¿Dónde está Bogotá?	
	Está en el centro de Colombia.	
	¿Está Juan en casa?	La casa está sucia
	No, no está.	Estoy enferma
		Está triste

English–Spanish wordlist

Key:

m = masculino
f = femenino
pl = plural
n = noun
vt = transitive verb

vi = intransitive verb
adv = adverb
adj = adjective
interr = interrogative
prep = preposition

conj = conjunction
excl = exclamation
pron = pronoun
aux vb = auxiliary verb

A

abandon (vt) abandonar
above (adv, prep) encima, por encima, sobre, arriba
— *all* sobre todo
accept (vt) aceptar
accommodation (n) alojamiento
active (adj) activo, enérgico
activity (n) actividad (f)
actor (n) actor
actress (n) actriz
address (n) dirección (f), señas (fpl)
adhesive tape (n) esparadrapo
advantage (n) ventaja
take — *of* aprovechar
advertisement (n) anuncio
advice (n) consejo
a piece of — un consejo
to give — aconsejar
advise (vt) aconsejar
affectionate (adj) cariñoso, afectuoso
after (prep: time) después de
(prep: place, order) detrás de
(adv) después
afternoon (n) tarde (f)
good — *!* ¡buenas tardes!
age (n) edad (f)
old — vejez (f)
agree (vt) estar de acuerdo (con)
agreed (adv) de acuerdo
airport (n) aeropuerto
allergic (adj) alérgico
allergy (n) alergia
all right (adv) feel — bien, regular
as answer ¡está bien!, ¡vale!, ¡de acuerdo!
also (adv) también, además
although (conj) aunque
ambitious (adj) ambicioso
America (n) América del Norte
American (adj, n) norteamericano
amongst (prep) entre, en medio de
angry (adj) enfadado
to be — *with sb* estar enfadado con alguien
ankle (n) tobillo
antique (n) antigüedad (f)
(adj) antiguo
anything (pron) I don't want — No quiero nada

Do you want — *?* ¿Quieres algo?
— *else?* ¿Algo más?
apartment (n) apartamento, piso
apple (n) manzana
April (n) abril
architect (n) arquitecto/a
Argentina (n) Argentina
Argentinian (adj, n) argentino/a
arm (n) brazo
army (n) ejército
arrival (n) llegada
arrive (vi) llegar
art (n) arte (m)
work of — obra de arte
artistic (adj) artístico
aspect (n) aspecto
aspirin (n) aspirina
assistant (n) ayudante (m/f)
shop — dependiente/a
as well (adv) también, además
athletics (n) atletismo
atmosphere (n) atmósfera
(fig) ambiente (m)
attractive (adj) atractivo
August (n) agosto
author (n) autor/a
autumn (n) otoño
avenue (n) avenida
away (adv) He is — fuera
far — lejos
five kilometres — a dos kilómetros

B

back (n) espalda
get — *(vi)* volver
bad (adj) malo
I feel — Me encuentro mal
baker (n) panadero/a
balcony (n) balcón (m)
banana (n) plátano
bandage (n) venda, vendaje (m)
bank (n) comm. banco
bar (n) bar (m)
barbecue (n) barbacoa
barperson (n) camarero/a
basement (n) sótano
basketball (n) baloncesto
bath (n) baño
to have a — tomar un baño
— *tub* bañera

bathe (vi) bañarse
bathroom (n) (cuarto de) baño
be (vi) ser
of place, temporary or reversible condition estar
beach (n) playa
beat (vt) hit golpear
eggs batir
defeat vencer
beautiful (adj) hermoso, bello
bed (n) cama
bedroom (n) dormitorio
beer (n) cerveza
begin (vt, vi) empezar, comenzar
behind (prep) detrás de, atrás, por detrás
Belgian (adj, n) belga (m/f)
Belgium (n) Bélgica
besides (adv) además
(prep) as well as además de
better (adj) mejor
(adv) mejor
to get — mejorar
between (prep) entre
big (adj) grande
bill (n) cuenta
birthday (n) cumpleaños (m)
biscuit (n) galleta
black (adj) negro
— *coffee* café solo (m)
blonde (adj) rubio
blouse (n) blusa
blue (adj) azul
board full—(in a hotel) pensión completa (f)
half — media pensión
body (n) cuerpo
bored (adj) aburrido
boring (adj) aburrido
bottle (n) botella
box (n) caja
boy (n) chico, niño
boyfriend (n) novio
Brazil (n) Brasil
Brazilian (adj, n) brasileño/a
bread (n) pan (m)
break (vt) romper
(vi) — *down* estropearse
breakdown (n) car avería
breakfast (n) desayuno
(vi) have — desayunar

bring (vt) traer
brochure (n) folleto
brother (n) hermano
brown (adj) colour marrón
  dark, tanned moreno
build (vt) construir
building (n) edificio
bull (n) toro
bullfight (n) corrida
bullfighter (n) torero
bullring (n) plaza de toros
burglary (n) robo (de una casa)
burn (vt) quemar
  (vi) quemarse
  sting escocer
bus (n) autobús
business (n) comercio, negocios
businessman (n) hombre de
  negocios
businesswoman (n) mujer de
  negocios
busy (adj) ocupado
butcher (n) carnicero/a
butcher's shop (n) carnicería
butter (n) mantequilla
buy (vt) comprar
bye! (excl) ¡adiós!

C
cake (n) pastel (m)
cakeshop (n) pastelería
call (vt) llamar
  by telephone llamar por teléfono
  announce anunciar
  (n) llamada (telefónica)
  a boy called Juan un chico que se
    llama Juan
calm (adj) tranquilo
can (vt) be able poder
  know how to saber
capital (n) city capital (f)
card (n) tarjeta
  credit — tarjeta de crédito
  post — tarjeta postal
care take —! (excl) ¡cuidado!
carnival (n) fiesta
carrot (n) zanahoria
carry (vt) llevar
cartoon (n) — film dibujos
  animados
catarrh (n) catarro
cathedral (n) catedral (f)
cauliflower (n) coliflor (f)
ceiling (n) techo
celebration (n) fiesta, celebración (f)
centre (n) centro
cereal (n) cereal (m)
change (vt) cambiar
  — clothes cambiar de ropa
  (n) money cambio
character (n) carácter (m)
cheap (adj) barato
cheerful (adj) alegre
cheers! (excl) ¡salud!

cheese (n) queso
chemist (shop) (n) farmacia
chess (n) ajedrez (m)
chest (n) body pecho
chicken (n) pollo
China (n) China
Chinese (adj, n) chino/a
chips (n) patatas fritas
cinema (n) cine (m)
citizen (n) ciudadano, habitante
  (m/f)
city (n) ciudad (f)
clean (vt) limpiar
  (adj) limpio
cleaning (n) limpieza
clerk (n) funcionario, oficinista
  (m/f)
climate (n) clima (m)
clinic (n) clínica
clock (n) reloj (m)
close (adj) near cerca
  (vt) cerrar
closed (adj) cerrado
clothing (n) ropa
clue (n) pista
cod (n) bacalao
coffee (n) café (m)
cold (n, adj) frío
  (n) have a — estar resfriado
  I am — tengo frío
  it's — hace frío
collect (vt) recoger
colour (n) color (m)
Columbia (n) Colombia
Columbian (adj, n) colombiano/a
comedy (n) comedia
comfortable (adj) cómodo
compassionate (adj) compasivo
competition (n) concurso
concert (n) concierto
congratulations!
  (excl) ¡enhorabuena!,
    ¡felicidades!
construct (vt) construir
consult (vt) consultar
cook (vt) cocinar
corner (n) outside esquina
  inside rincón (m)
correspondence (n) correspondencia
corridor (n) pasillo
country (n) país (m)
countryside (n) campo
coup (n) golpe (de estado) (m)
cream (n) nata, crema
credit — card (n) tarjeta de crédito
crisps (n) patatas fritas
cruel (adj) cruel
cycling (n) ciclismo

D
dangerous (adj) peligroso
Dane (n) danés/esa
Danish (adj) danés/esa
Danish (n) language danés (m)

dark (adj) oscuro
  hair, complexion moreno
date (n) fecha
daughter (n) hija
day (n) día (m)
  — off día libre
December (n) diciembre
decide (vt) decidir
Denmark (n) Dinamarca
dentist (n) dentista (m/f)
departure (n) salida
description (n) descripción (f)
desire (n) deseo
  (vt) desear
desperate (adj) desesperado
dessert (n) postre (m)
detail (n) detalle (m)
diarrhoea (n) diarrea
die (vi) morir
different (adj) diferente, distinto
difficult (adj) difícil
dine (vi) comer, cenar
dining room (n) comedor (m)
dinner (n) evening meal cena
  lunch comida
direction (n) dirección (f)
dirt (n) suciedad (f)
dirty (adj) sucio
disadvantage (n) desventaja
discotheque (n) discoteca
disguise (n) disfraz (m)
  (vt) disfrazar
dish (n) plato
divorce (n) divorcio
  (vt) divorciarse
divorced (adj) divorciado
do (vt, vi) hacer
dog (n) perro
dominant (adj) dominante
door (n) puerta
double-bed (n) cama de matrimonio
double-room (n) habitación doble
  (f)
dress (n) vestido
  (vt) vestir
  — oneself vestirse
drink (n) bebida
  (vt) beber
drive (vi, vt) conducir
driver (n) conductor/a
drought (n) sequía
dry (adj) seco
  (vt) secar
  (vi) secarse
during (prep) durante
Dutch (adj) holandés/esa
  (n) language holandés

E
each (adj) cada
  (pron) cada uno
ear (n) oreja
  sense of hearing oído
early (adv) temprano, pronto

earn (vt) ganar
east (n) este (m)
eat (vt) comer
eight (adj) ocho
elevator (n) ascensor (m)
empty (adj) vacío
enchant (vt) encantar
end (n) film fin (m)
  street final (m)
  (vt) terminar, acabar
engine (n) motor (m)
engineer (n) ingeniero/a
England (n) Inglaterra
English (adj, n) inglés/a
  (n) language inglés
enjoy (vt) I — doing me gusta hacer
  — oneself divertirse, pasarlo bien.
enjoyable (adj) agradable, divertido
enough (adj) bastante
enter (vt) entrar
entrance (n) entrada
environment (n) medio ambiente
  (m)
evening (n) late afternoon tarde (f)
  night noche (f)
every (adj) each cada
exactly (adv) exactamente
examination (n) examen (m)
except (prep) excepto, salvo
  all — one todos menos uno
exchange (n) money, goods cambio
  telephone — central telefónica (f)
  foreign — divisas
  (vt) cambiar
excite get excited emocionarse
excitement (n) emoción (f)
exciting (adj) emocionante
excuse me! (excl) ¡perdón!
expensive (adj) caro
eye (n) ojo

F

fabric (n) tela, tejido
faint (vi) desmayarse
  to feel — estar mareado
faintness (n) mareo
fair (adj) hair, person rubio
fall (vi) caer(se)
  — in love with sb enamorarse de
  alguien
family (n) familia
famous (adj) famoso
fancy dress (n) disfraz (m)
fantastic (adj) fantástico, estupendo
fascinating (adj) fascinante
fast (adj) rápido
  (adv) rápidamente, de prisa
fat (adj) person gordo
  on meat grasa
father (n) padre (m)
fault (n) blame culpa
  it's my — es culpa mía
favourite (adj, n) favorito, preferido
February (n) febrero

feel (vt) touch tocar
  senses sentir
  — hungry, cold tener hambre,
  frío
  I — like going out me apetece
  salir
fever (n) fiebre (f)
fiancé (n) novio
fiancée (n) novia
fifth (adj) quinto
fill (vt) llenar
  tooth empastar
filling (n) tooth empaste (m)
film (n) película
finish (vt, vi) terminar, acabar
fire (v) fuego
  accident incendio
fireworks (n, pl) fuegos artificiales
firm (n) company empresa
first (adj) primero
firstly (adv) en primer lugar
fish (n) live pez (m)
  food pescado
fishing (n) pesca
  go — ir de pesca
fishmonger's (n) pescadería
five (adj) cinco
flat (n) accommodation piso,
  apartamento
floods (n) inundaciones (f, pl)
floor (n) suelo
  storey piso
flu (n) gripe (f)
fog (n) niebla
food (n) comida
foot (n) pie (m)
football (n) fútbol (m)
  ball balón (m), pelota
  — ground campo de fútbol
for (prep) para
  — six months durante seis meses
forecast (n) weather previsión
  meteorológica (f)
foreign (adj) extranjero
foreigner (n) extranjero
forest (n) bosque (m), selva
forget (vt) olvidar
form (n) document formulario
fortnight (n) quincena, quince días
four (adj) cuatro
fourth (adj) quarto
France (n) Francia
free (adj) not occupied libre
  — time tiempo libre
French (adj, n) francés/esa
fresh (adj) fresco
  — air aire libre (m)
from (prep) de
  where are you —? ¿de dónde
  eres?
front (prep) in — of delante de
fruit (n) fruta
full (adj) lleno
  hotel, theatre completo

fun (n) diversión (f)
funny (adj) divertido, gracioso

G

garden (n) jardín (m)
garlic (n) ajo
gauze (n) gasa
generous (adj) generoso
geology (n) geología
German (adj, n) alemán/ana
  language alemán
Germany (n) Alemania
get (vt) obtain obtener
  pick up, seize coger
  (vi) — ready prepararse
  — dressed vestirse
  — tired cansarse
  — up levantarse
giant (n) gigante (m/f)
girl (n) chica
girlfriend (n) novia
give (vt) dar
  gift regalar
glasses (n) gafas
go (vi) ir
  travel viajar
  depart irse
  — dancing ir a bailar
gold (n) oro
good (adj) bueno
  —! ¡qué bien!
  — morning! ¡buenos días!
  — afternoon! ¡buenas tardes!
  — night! ¡buenas noches!
gram (n) gramo
Great Britain (n) Gran Bretaña
Greece (n) Grecia
Greek (adj, n) griego/a
  language griego
green (adj) verde
greengrocer's (n) verdulería
grey (adj) gris
ground (n) suelo, tierra
  football — campo de fútbol
group (n) grupo
  rock — conjunto (de rock)
guesthouse (n) pensión (f)
gymnasium (n) gimnasio
gymnastics (n) gimnasia

H

hair (n) pelo
  grey haired (adj) canoso/a
hake (n) merluza
hall (n) concert — sala
  entrance — entrada, vestíbulo
hallway (n) vestíbulo
ham (n) smoked — jamón
  serrano (m)
  soft — jamón york
hand (n) mano (f)
handkerchief (n) pañuelo
happen (vi) ocurrir, suceder
happiness (n) felicidad (f)

happy (*adj*) feliz
hard (*adj*) duro
   difficult difícil
hardly (*adv*) apenas
   — *ever* casi nunca
hardware (*n*) — *store* ferretería
hard-working (*adj*) trabajador/a
have (*vt*) tener
   — *a drink, bath* tomar
   — *breakfast, lunch, dinner*
     desayunar, comer, cenar
he (*pron*) él
head (*n*) cabeza
health (*n*) salud (f)
healthy (*adj*) sano
heart (*n*) corazón (m)
heat (*n*) calor (m/f)
heavy (*adj*) pesado
hello! (*excl*) ¡hola!
her (*adj*) su/sus
   (*pron*) el suyo/la suya
here (*adv*) aquí
Hindu (*n, adj*) hindú (m/f)
his (*adj*) su/sus
   (*pron*) el suyo/la suya
hobby (*n*) pasatiempo, afición (f),
   hobby (m)
holidays (*n*) vacaciones (f, pl)
Holland (*n*) Holanda
home (*n*) casa, hogar (m)
   at — en casa
homework (*n*) deberes (m, pl)
hope (*n*) esperanza
   (*vt, vi*) esperar
horrible (*adj*) horrible
horse (*n*) caballo
hospital (*n*) hospital (m), clínico
hot (*adj*) caliente
   weather caluroso
   it's — hace calor
hotel (*n*) hotel (m)
hour (*n*) hora
house (*n*) casa
how (*adv*) cómo
   — *are you?* ¿cómo estás?
   — *far is it?* ¿a qué distancia está?
   — *many, much?* ¿cuántos?,
   ¿cuánto?
hungry I'm — tengo hambre
hurt (*vi*) doler
   it hurts me duele
husband (*n*) marido
hypermarket (*n*) hipermercado

I

I (*pron*) yo
ice cream (*n*) helado
identity (*n*) identidad (f)
   — *card* carnet (m) de identidad
if (*conj*) si
ill (*adj*) enfermo
illness (*n*) enfermedad (f)
imagination (*n*) imaginación (f)
imaginative (*adj*) imaginativo

immediately (*adv*) *at once* en
   seguida
impatient (*adj*) impaciente
important (*adj*) importante
India (*n*) India
Indian (*adj, n*) indio/a
indigestion (*n*) indigestión (f)
inhabitant (*n*) habitante (m/f)
injection (*n*) inyección (f)
intellectual (*adj, n*) intelectual (m/f)
intelligent (*adj*) inteligente
interest (*n*) interés (m)
   (*vt*) interesar
interesting (*adj*) interesante
intuitive (*adj*) intuitivo
invitation (*n*) invitación (f)
Ireland (*n*) Irlanda
Irish (*adj, n*) irlandés/esa
Italian (*adj, n*) italiano/a
   language italiano
Italy (*n*) Italia
item (*n*) artículo
   items of clothing prendas (de
   vestir)

J

jacket (*n*) chaqueta
January (*n*) enero
Japan (*n*) Japón
Japanese (*adj, n*) japonés/esa
   language japonés
jar (*n*) jarra, tarro
jewels (*n*) joyas
jeweller's shop (*n*) joyería
job (*n*) trabajo, empleo, ocupación
   (f)
jogging (*n*) footing (m)
journalist (*n*) periodista (m/f)
journey (*n*) viaje (m)
July (*n*) julio
June (*n*) junio

K

karate (*n*) kárate (m)
keep (*vt*) guardar
key (*n*) llave (f)
kilogram (*n*) kilo(gramo)
kilometre (*n*) kilómetro
kind (*adj*) generoso, amable
   (*n*) *type* tipo, clase (f)
   make marca
kiosk (*n*) quiosco
kiss (*vt*) besar
   (*n*) beso
kitchen (*n*) cocina
knee (*n*) rodilla
know (*vt*) *facts* saber
   person, town conocer

L

lamb (*n*) cordero
language (*n*) idioma (m)
last (*adj*) último
   (*vi*) durar

   — *week* la semana pasada
   — *night* anoche
late (*adv*) tarde, atrasado
law (*n*) ley (f)
   as a subject derecho
lawyer (*n*) abogado/a
leader (*n*) jefe/a, líder (m/f)
learn (*vt*) aprender
leave (*vt*) dejar
   (*vi*) salir, irse
   the train is leaving el tren sale
   I — *home at 8* Salgo a las ocho
   I'm leaving Me voy
left (*adj*) izquierdo
   (*n*) izquierda
leg (*n*) pierna
lemon (*n*) limón (m)
letter (*n*) *correspondence* carta
   alphabet letra
life (*n*) vida
lift (*n*) *elevator* ascensor (m)
like (*vt*) *I* — *sport* Me gusta el
   deporte
   (*prep*) como
   (*adj*) parecido
listen (*vi*) escuchar, oir
litre (*n*) litro
little (*adj*) *small* pequeño
   not much poco
live (*vi*) vivir
lodgings (*n*) alojamiento
long (*adj*) largo
   a — *way* lejos
look (*vi*) mirar
look after (*vt*) cuidar
look at (*vt*) mirar
look for (*vt*) buscar
lose (*vt*) perder
lot a — mucho
lotion (*n*) loción (f)
love (*n*) amor (m)
   (*vt*) amar, querer
   I — *reading* me encanta leer
loving (*adj*) amoroso, cariñoso
luck (*n*) suerte (f)
lucky (*adj*) afortunado
lunch (*n*) comida

M

magazine (*n*) revista
maintain (*vt*) mantener
make (*vt*) hacer
manufacture (*vt*) fabricar
many (*adj*) muchos/as
   (*pron*) muchos/as
map (*n*) mapa (m)
March (*n*) marzo
marital status (*n*) estado civil
marmalade (*n*) mermelada
married (*adj*) casado
marry (*vt*) casarse con
match (*n*) *to light* cerilla
   game partido

material (n)   materia
  fabric   tela
May (n)   mayo
maybe (adv)   quizás
measure (vt)   medir
meat (n)   carne (f)
mechanic (n)   mecánico
medicine (n)   medicina
meet (vt)   encontrar
  for the first time   conocer
  pleased to — you   ¡mucho gusto!,
    ¡encantado!
metal (n)   metal (m)
metallic (adj)   metálico
method (n)   método
Mexican (adj, n)   mejicano/a
Mexico (n)   Méjico/México
midday (n)   mediodía (m)
military (adj)   militar
milk (n)   leche (f)
million (n)   millón (m)
mine (pron)   el mío/la mía
mineral (adj, n)   mineral (m)
  — water   agua mineral
minute (n)   minuto
Miss (n)   Señorita
miss (vt) train   perder
  I — my country   echo de menos
    mi país
modern (adj)   moderno
molar (n)   muela
moment (n)   momento
  one — please   un momento, por
    favor
month (n)   mes (m)
more (adj, adv)   más
  would you like —?   ¿quieres más?
  — or less   más o menos
morning (n)   mañana
  good —!   ¡buenos días!
mother (n)   madre (f)
mountain (n)   montaña
mountaineer (n)   alpinista (m/f)
mountaineering (n)   alpinismo
mouth (n)   boca
move (house) (vi)   mudarse,
    cambiarse de casa
Mr (n)   señor
Mrs (n)   señora
much (adj)   mucho
  (adv, n, pron)   mucho
  how — is it?   ¿cuánto es?
museum (n)   museo
mushroom (n)   champiñón (m)
music (n)   música
my (adj)   mi/mis
mystical (adj)   místico

N

name (n)   nombre (m)
  surname   apellido
  what's your —?   ¿cómo te llamas?
nationality (n)   nacionalidad (f)
nature (n)   naturaleza

near (adv)   cerca
  (prep)   cerca de
neck (n)   cuello
nervous (adj)   nervioso
new (adj)   nuevo
next (adj) —week   la semana
    próxima, la semana que viene
  (prep) — to   al lado de, junto a
nice (adj) person   simpático
  pleasant   agradable
night (n)   noche (f)
nine (adj)   nueve
ninth (adj)   noveno
noise (n)   ruido
noisy (adj)   ruidoso
north (n)   norte (m)
north-east (n)   noreste (m)
northern (adj)   del norte
north-west (n)   noroeste (m)
nose (n)   nariz (f)
nothing (n)   nada
November (n)   noviembre
now (adv)   ahora
nowadays (adv)   actualmente, hoy
    día
nuisance (n)   molestia
number (n)   número
nut (n)   nuez (f), fruta seca

O

October (n)   octubre
of course (adv)   desde luego, claro,
    naturalmente
office (n)   oficina, despacho
oil (n)   aceite (m)
ointment (n)   pomada
ok (excl)   está bien, vale
old (adj)   viejo
  person   mayor
  how — are you?   ¿cuántos años
    tienes?
olive (n)   oliva
omelette (n)   tortilla
on (prep)   sobre, en
  what's — the television?   ¿Qué
    hay en la televisión?
  the light is —   la luz está
    encendida
  — the left   a la izquierda
  — holiday   de vacaciones
onion (n)   cebolla
open (adj)   abierto
  (vt)   abrir
operate (vt) surgery   operar
operation (n)   operación (f)
opposite (prep)   enfrente
optimistic (adj)   optimista
orange (adj)   naranja (m/f)
  (n)   naranja
organise (vt)   organizar
ought (aux vb) you — to go   debes ir
our (adj)   nuestro
ours (pron)   (el/la) nuestro/a
outward (adj) journey   de ida

overcoat (n)   abrigo
owe (vt)   deber
owner (n)   propietario, dueño

P

packet (n)   paquete (m)
pain (n)   dolor (m)
parachuting (n)   paracaidismo
Paraguay (n)   Paraguay
Paraguayan (adj, n)   paraguayo/a
park (n)   parque (m)
party (n)   fiesta
pasty (n)   empanadilla
pastime (n)   pasatiempo, afición (f)
patient (adj, n)   paciente (m/f)
peaceful (adj)   tranquilo
pear (n)   pera
pension (n)   pensión (f)
pensionist (n)   pensionista (m/f)
people (n)   gente (f)
pepper (n) spice   pimienta
  vegetable   pimiento
percentage (n)   porcentaje (m)
perhaps (adv)   quizás, tal vez
persevere (vi)   persistir
persistant (adj)   persistente
person (n)   persona
personality (n)   personalidad (f)
persuade (vt)   persuadir, convencer
Peru (n)   Perú (m)
Peruvian (adj, n)   peruano/a
petrol (n)   gasolina
phone (n)   teléfono
  (vt)   llamar por teléfono,
    telefonear
physics (n)   física
pie (n)   tarta, pastel (m), empanadilla
pincers (n)   pinzas, tenazas
pink (adj)   rosa (m/f)
pity (n)   lástima
  what a —   ¡qué lástima!, ¡qué
    pena!
place (n)   lugar (m), sitio
plan (n) drawing   plano
plaster (n) sticking —   tirita,
    esparadrapo
plastic (n)   plástico
  (adj)   de plástico
play (vt) game   jugar
  musical instrument   tocar
pleasant (adj)   agradable
  person   simpático/a
please (vt)   gustar
  —!   por favor
pleased (adj)   contento
  — to meet you   ¡encantado/a!,
    ¡mucho gusto!
poet (n)   poeta (m/f)
poetry (n)   poesía (f)
poisoning (n) food —   intoxicación
    (f)
police (n)   policía
  — officer   policía (m/f)
politician (n)   político/a

politics (n)   política
pollution (n)   contaminación (f)
population (n)   población (f)
pork (n)   lomo, carne (f) de cerdo
portion (n)   ración (f)
positive (adj)   positivo
   certain   seguro
post (n) *letters*   correo
   by —   por correo
postcard (n)   tarjeta postal
postage stamp (n)   sello
Post Office (n)   Correos, la oficina
   de Correos
potato (n)   patata
practical (adj)   práctico
practise (vt)   practicar
pregnant (adj)   embarazada
prepare (vt)   preparar
prescribe (vt)   recetar
prescription (n)   receta
pretty (adj)   bonito
printed (adj) *fabric*   estampado
private (adj) *personal*   particular
product (n)   producto
profession (n)   profesión (f)
professional (adj, n)   profesional
   (m/f)
programme (n)   programa (m)
proprietor (n)   propietario
protagonist (n)   protagonista (m/f)
province (n)   provincia
provoke (vt)   provocar
puree (n)   puré (m)

Q
quality (n)   calidad (f)
quantity (n)   cantidad (f)
quiet (adj)   tranquilo
quite (adv) *rather*   bastante
quiz (n)   concurso

R
rain (n)   lluvia
   (vi)   llover
read (vt)   leer
reader (n)   lector(a)
recipe (n)   receta
recognise (vt)   reconocer
recommend (vt)   recomendar
record (n) *music*   disco
   (vt)   grabar
rectangular (adj)   rectangular
red (adj)   rojo
region (n)   región (f)
relax (vi)   descansar
remain (vi) *stay*   quedar(se)
remember (vt)   recordar
responsible (adj)   responsable
return (vi)   volver, regresar
   (n) *— ticket*   (billete (m)) de ida y
   vuelta
rich (adj) *wealth*   rico
   food   pesado
ride (vt) *horse, bicycle*   montar

right (n) *not left*   derecha
right away   en seguida
right now   ahora mismo
river (n)   río
road (n)   carretera
   street   calle (f)
rob (vt)   robar
robbery (n)   robo
role (n)   papel (m)
room (n) *house*   habitación (f),
   cuarto
   bed —   dormitorio
round (adj)   redondo

S
sail (vi) *boat*   navegar
salad (n)   ensalada
sandwich (n)   bocadillo, sandwich
   (m)
sardine (n)   sardina
sauce (n)   salsa
scarce (adj)   escaso
scarcity (n)   escasez (f)
science (n)   ciencia
scissors (n)   tijeras
Scotland (n)   Escocia
Scot (n)   escocés/esa
Scottish (adj)   escocés/esa
sea (n)   mar (m/f)
season (n) *of year*   estación (f)
seat (n) *bus, train etc.*   asiento
   chair   silla
second (adj)   segundo
   (n) *time*   segundo
seductive (adj)   seductor(a)
see (vt)   ver
select (vt)   elegir
selfish (adj)   egoísta
sell (vt)   vender
sensitive (adj)   sensible
sensual (adj)   sensual
September (n)   setiembre/
   septiembre
series (n)   serie (f)
service (n)   servicio
seven (adj)   siete
seventh (adj)   séptimo
shame (n) *pity*   lástima
she (pron)   ella
shirt (n)   camisa
shoe (n)   zapato
shop (n)   tienda
shopping (n) *goods*   compras
   to go —   ir de compras
shop window (n)   escaparate (m)
short (adj) *person*   bajo
shoulder (n)   hombro
shower (n) *bath*   ducha
   to take a —   ducharse
shy (adj)   tímido
sign (n) *road*   señal (f)
   notice   letrero
silk (n)   seda
silver (n)   plata

   (adj)   de plata
simple (adj) *easy*   sencillo
sincere (adj)   sincero
sing (vt, vi)   cantar
singer (n)   cantante (m/f)
single (adj) *not married*   soltero
sister (n)   hermana
sit (vi)   sentarse
sitting room (n)   sala de estar, cuarto
   de estar
situation (n)   situación (f)
six (adj)   seis
sixth (adj)   sexto
size (n) *clothing*   talla
   shoes   número
ski (vi)   esquiar
skiing (n)   esquí (m)
   to go —   ir a esquiar
skimmed (adj) *milk*   leche desnatada
skin diving (n)   buceo
skirt (n)   falda
sleep (vi)   dormir
sleepy (adj) *to feel —*   tener sueño
slim (adj)   delgado
slow (adj)   lento
small (adj)   pequeño
smoke (vi)   fumar
smoker (n) *person, train
   compartment*   fumador
snack (n) *bar —*   tapa
snow (n)   nieve (f)
   (vi)   nevar
sociable (adj)   sociable
some (adj) *a few*   algunos/as
   — milk   un poco de leche
something (pron)   algo
soon (adv)   pronto
sorry (excl)   ¡perdón!
   I'm —   ¡lo siento!
soup (n)   sopa
south (n)   sur (m)
south-east (n)   sudeste (m)
south-west (n)   sudoeste (m)
South America (n)   América del Sur
South American (adj, n)
   sudamericano/a
Spain (n)   España
Spanish (adj)   español(a)
   (n) *language*   español (m),
   castellano
Spanish omelette (n)   tortilla
   española/de patata
spare (adj) *— time*   tiempo libre
speak (vi)   hablar
spend (vt) *money*   gastar
   time   pasar
sport (n)   deporte (m)
sports (n)   deportes
spring (n) *season*   primavera
square (adj)   cuadrado
squid (n)   calamar (m)
stadium (n)   estadio
stamp (n) *postage*   sello
start (vt)   empezar, comenzar

station (n) *railway, bus etc.* estación (f)
stationer's (n) papelería
status (n) *marital —* estado civil
stay (vi) quedar(se)
steal (vt, vi) robar
sting (vi) picar, escocer
stomach (n) estómago
storm (n) tormenta
story (n) historia
straight on (adv) *directions* todo recto
strange (adj) raro, extraño
stranger (n) desconocido, forastero
street (n) calle (f)
stress (n) *mental* estrés (m)
stripe (n) raya
stroll (n) paseo
to go for a — dar un paseo
strong (adj) fuerte
stubborn (adj) tozudo
student (n) estudiante (m/f)
study (vt) estudiar
stupid (adj) estúpido, tonto
success (n) éxito
successor (n) sucesor(a)
suffer (vi) sufrir
suggestion (n) sugerencia
suit (n) traje (m)
it —s you te va bien, te favorece
summer (n) verano
sunbathe (vi) tomar el sol
sunburn (n) quemadura de sol
suntan lotion (n) bronceador (m)
sunglasses (n) gafas de sol
sunstroke (n) insolación (f)
supermarket (n) supermercado
supper (n) cena
suppository (n) supositorio
survey (n) encuesta
sweater (n) suéter (m), jersey (m)
Sweden (n) Suecia
Swede (n) sueco/a
Swedish (adj, n) sueco
sweet (adj) dulce
swim (vi) nadar
swimming pool (n) piscina
Swiss (adj, n) suizo/a
Switzerland (n) Suiza
symptom (n) síntoma (m)
syrup (n) jarabe (m)

T

table (n) mesa
tablet (n) pastilla
tall (adj) alto
tape (n) *sticking* esparadrapo
tart (n) tarta
tea (n) té (m)
telephone (n) teléfono
temperature (n) *fever* fiebre (f)
to have a — tener fiebre
tennis (n) tenis (m)
tent (n) tienda de camping

terrace (n) terraza
thank (vt) dar las gracias, agradecer
thanks! (excl) ¡gracias!
their (adj) su/sus
theirs (pron) el suyo/la suya
then (adv) *at that time* entonces
later después
there (adv) allí
— is, — are hay
thermometer (n) termómetro
they (pron) ellos/ellas
thin (adj) *person* delgado
third (adj) tercero
thirst (n) sed (f)
three (adj) tres
thriller (n) película de misterio, policiaca
throat (n) garganta
ticket (n) *travel* billete (m)
theatre, cinema entrada
tidy (adj) *room* ordenado
tie (vt) atar
(n) corbata
time (n) *general* tiempo
clock hora
what's the —? ¿qué hora es?
timetable (n) horario
programme of events itinerario
tin (n) lata
tired (adj) cansado
title (n) título
to (prep) a
tobacco (n) tabaco
together (adv) juntos
tolerant (adj) tolerante
tomato (n) tomate (m)
tonic (n) tónica
too (adv) *excessively* demasiado
also también
— much demasiado/a
— many demasiados/as
tooth (n) diente (m)
molar muela
touch (vt) tocar
tour (n) gira, recorrido
tourist (n) turista (m/f)
tourist office (n) oficina de turismo
town (n) ciudad (f)
traffic (n) tráfico
traffic lights (n) semáforo
training (n) *professional* formación (profesional) (f)
sporte entrenamiento
transport (n) transporte (m)
travel (n) viaje (m)
(vi) viajar
trousers (n) pantalón (m), pantalones (m, pl)
trout (n) trucha
true (adj) verdad
truth (n) verdad (f)
trustworthy (adj) fiable
tweezers (n) pinzas
two (adj) dos

type (n) *category* tipo, clase
typical (adj) típico

U

uncomfortable (adj) incómodo
underneath (adj, prep) debajo (de)
unforgettable (adj) inolvidable
unknown (adj) desconocido
untidy (adj) desordenado
unusual (adj) raro
Uruguay (n) Uruguay (m)
Uruguayan (adj, n) uruguayo/a
usually (adv) normalmente

V

vegetable (n) verdura
very (adv) muy
— well muy bien
village (n) pueblo
vinegar (n) vinagre (m)
violent (adj) violento
virus (n) virus (m)

W

wait (vi) esperar
waiter (n) camarero
waitress (n) camarera
Wales (n) País de Gales (m)
walk (n) paseo
(vi) andar
go for a — dar un paseo
want (vt) querer, desear
war (n) guerra
Civil — La Guerra Civil
watch (vt) mirar, observar
— *television* ver la televisión
(n) reloj (m)
water (n) agua
we (pron) nosotros/as
wear (vt) llevar
weather (n) tiempo
wedding (n) boda
weekend (n) fin (m) de semana
weight (n) peso
well (adv) bien
I am — estoy bien
Welsh (adj) galés/esa
(n) *language* galés
west (n) oeste (m)
what (excl) ¡qué!
(interr) ¿qué?
—'s it like? ¡cómo es?
where (interr) ¿dónde?
which (interr) ¿qué?, ¿cuál?
white (adj) blanco
who (interr) ¿quién?
why (interr) ¿por qué?
widow (n) viuda
widower (n) viudo
wife (n) mujer, esposa
win (vt) ganar
wind (n) viento
window (n) ventana

window shopping (n) to go — mirar
  escaparates
wine (n) vino
winter (n) invierno
wish (vi) desear
  (n) deseo
with (prep) con
within (prep) dentro
woman (n) mujer
wonderful (adj) maravilloso
wood (n) timber madera
  forest bosque (m)
wool (n) lana

work (n) trabajo
  (vi) trabajar
workshop (n) taller (m)
worried (adj) preocupado
worry (vi) preocuparse
worth (adj) to be — valer
write (vt, vi) escribir
writer (n) escritor/a, autor/a

Y
yacht (n) yate (m)
year (n) año

yellow (adj) amarillo
yes (adv, n) sí
yesterday (adv) ayer
yoghurt (n) yogur (m)
you (pron) tú, vosotros
  (formal) usted, ustedes
young (adj) joven
your (adj) tu
  (pl) vuestro
  (formal) su
yours (pron) tuyo
  (pl) vuestro
  (formal) suyo